Ivica Perković

NACHTFAHRT NACH LIVNO

Roman

achter Verlag

Achter Verlag, Acht und Weinheim
www.achter-verlag.de

ISBN 978-3-981767407

Lektorat: Martina Leiber
Gestaltung: GreenwoodFinch, Elmstein
Satz: Röser MEDIA, Karlsruhe
Druck: TZ-Verlag & Print GmbH, Roßdorf

Für meine Zwei und Alles

Inhalt

Erster Teil

Der verlorene Sohn

Mein Name ist Niko. Das ist keine Abkürzung für Nikolaus oder Nikolas und man schreibt es auch nicht mit „c", „ch" oder „ck". Man nennt mich auch nicht Nick oder Nicky. Mein Name ist einfach nur Niko.

Diesen Namen hat sich meine Mutter vor knapp vierzig Jahren für mich ausgedacht. Ich bin froh, dass sie nicht dem Amerikanisierungswahn verfallen ist, der in den Siebzigern das ehemalige Jugoslawien befallen hatte, und mir keinen Namen gegeben hat, der damals in Mode war. In den Siebzigern wurden auf dem Balkan viele Kinder auf Namen wie Džon, wie man in Bosnien John schreibt, oder Kenedi, was selbstverständlich Kennedy entspricht, getauft. Die Krönung dieses Amerikanisierungswahnsinns ist jedoch ein Mann, den es wirklich gibt. Seine Familie trägt seit vielen Jahrhunderten den Nachnamen Pek, und seine Eltern waren wohl der Ansicht, es sei eine gute Idee, ihn Gregori zu nennen. Also läuft heute in meiner alten Heimat ein Mann herum, der Gregori Pek heißt. Vielleicht gibt es ja sogar einen Džon Vejn. Ich weiß es nicht. Wie gesagt, es waren die Siebziger und auf dem Balkan herrschte ein heftiger Amerikanismus.

Meine Mutter war dagegen immun. Und auch wenn ich ihr vieles vorwerfen könnte: An meinem Namen habe ich nichts auszusetzen.

Übrigens, ich bin Kroate. Zumindest sage ich das jedem. Ich bin ja auch Kroate. Aber ich komme nicht aus Kroatien. Ich komme aus einem Land, in dem sich Mensch und Natur die gleichen Eigenschaften teilen. Beide stur und eigensinnig, ergänzen sie einander perfekt und geben ein Bild ab, wie man es nirgendwo sonst auf der Welt finden wird. Die Sommer sind dort heiß und kurz, aber es sind die Winter, die meine alte Heimat so besonders machen. Sie sind rau und unberechenbar und auf ihre einzigartige Art und Weise schön. Aber genau das zeichnet Bosnien und die Bosnier aus.

Es ist kurz nach 20 Uhr. Ich habe vor einer halben Stunde meinen Sohn, der vor wenigen Wochen zur Welt gekommen ist, ins Bett gebracht und mich von meiner geliebten Frau Karin verabschiedet.

Ich habe nun Stuttgart hinter mir gelassen und fahre auf die A8, die mich in den Süden bringen soll. Ein vorbeiflitzendes Schild verrät mir, dass es noch 246 Kilometer bis München sind. Und wenn ich erst in München bin, sind es dann noch ungefähr 140 Kilometer bis Salzburg, dann weitere 240 Kilometer bis zur österreichisch-slowenischen Grenze. Ab da sind es dann noch 220 Kilometer bis Zagreb, der kroatischen Hauptstadt. Und ab Zagreb sind es genau 343 Kilometer bis nach Livno, einem kleinen Städtchen in Bosnien, in dem ich geboren und aufgewachsen bin. Ich möchte dort meine Eltern besuchen und ihnen persönlich von unserem kleinen Sohn erzählen. Er ist noch zu klein, um die Reisestrapazen auf sich zu nehmen. Vielleicht besuchen wir meine Eltern im Sommer zu dritt, aber jetzt, bei dieser Kälte, ist so eine lange Reise nichts für ein Baby. Meine Frau hat mir eine Menge Bilder eingepackt, die ich meinen Eltern zeigen will.

Ich schalte das Radio ein und wie bestellt sagt eine freundliche Stimme, dass die Straßen frei sind, und sie wünscht allen eine gute Fahrt. Hoffentlich bleibt es auch so, denke ich und rechne mir aus, wann ich in Livno ankommen werde. Wenn alles gut geht, bin ich morgen früh um 9 Uhr da. Also liegen dreizehn Stunden vor mir, in denen ich nichts anderes tun muss, als auf die Straße zu achten und vor mich hin zu rollen. Ich setze meinen Fuß aufs Gaspedal, unser MINI pendelt sich bei etwa 130 Kilometern pro Stunde ein und ich treibe mein Gehirn zum Weiden aufs Feld, also „mozak na pašu", wie man in Bosnien sagen würde, wenn man zum Ausdruck bringen will, dass man seinen Gedanken freien Lauf lässt.

Es war ein Sonntag im Sommer 1996, als mein Leben eine Wendung nahm, die maßgeblich dafür verantwortlich ist, was aus mir geworden ist. Wäre an jenem Sonntag nicht das passiert, was letztendlich passiert ist, würde sich meine Lebensgeschichte ganz anders lesen. Aber ich bin froh, dass jener Sonntag und alles, was ihm folgte, so gekommen ist.

1995 war der Krieg, in dem Katholiken zuerst mit Moslems gegen Orthodoxe kämpften und am Ende jeder gegen jeden schoss, zu Ende. Zumindest auf dem Papier. Verantwortlich dafür waren drei alte Männer aus Bosnien und Herzegowina, Kroatien und Serbien, die sich in Paris trafen, um ein Friedenspapier zu unterzeichnen, das sich ein anderer alter Mann aus den Vereinigten Staaten von Amerika gemeinsam mit einigen anderen alten Männern und Frauen aus der Europäischen Union hatte einfallen lassen. Das Ergebnis dieses Zusammenkommens in der Stadt der Liebe war schließlich ein liebloses Staatenkonstrukt, das genauso hieß wie eine ehemalige Teilrepublik im ehemaligen Jugoslawien, jetzt aber damit überhaupt nichts mehr zu tun hatte. Bosnien und Herzegowina waren jetzt ein eigener Staat. Und man konnte wieder hinfahren, ohne Angst haben zu müssen, dass man erschossen wird. So zumindest stand es in diesem Papier.

Im ersten kriegsfreien Sommer kamen sie daher aus aller Herren Länder zurück nach Livno: die Gastarbeiter und Flüchtlinge aus Deutschland, Österreich, der Schweiz, aus Italien, Amerika,

Australien und wo sonst noch überall Menschen leben und arbeiten, die einst so wie ich in Livno geboren worden waren, aber schon lange nicht mehr in Livno lebten, um ihre Verwandten, ihre Bekannten und vor allem ihr Hab und Gut zu sehen.

Am meisten freute ich mich auf die vollbusige Suzana, deren Vater seit über dreißig Jahren in Frankfurt am Main lebte und sich ein kleines Vermögen mit Bausilikon verdient hatte. Vor dem Krieg war Suzana jedes Jahr im Sommer nach Livno gekommen und schon damals zeichnete sich ab, dass sie eine richtige Femme fatale werden würde.

Als Suzana schließlich 1996 nach vielen Jahren der Abwesenheit in unser Dorf kam, wurden wir alle mit einem Deutschen namens Kevin konfrontiert, der das alleinige Recht hatte, Suzanas Busen anzufassen. Dank Kevin war nicht nur mein Sommer, sondern auch der der anderen Jungs aus meinem Dorf ruiniert.

Wir, und damit meine ich all die Jungs aus meinem Dorf, waren alle irgendwo zwischen 1968 und 1974 geboren. Als der Krieg 1990 aus dem benachbarten Kroatien schließlich zu uns nach Bosnien und Herzegowina überschwappte, waren wir alle junge Männer zwischen 16 und 22 Jahren. Schüler und Studenten, die plötzlich nicht mehr an der Schule oder der Universität, sondern an der Front gebraucht wurden.

Ohne militärische Ausbildung und ohne Widerrede gaben die meisten von uns ihre besten Jahre her und ließen sie in selbst ausgehobenen Schützengräben, in provisorisch zusammengezimmerten Stützpunkten und in den Wäldern Bosniens liegen. Als der Krieg dann zu Ende war, standen wir alle da, ohne Schulabschluss oder Studienplatz, mit heruntergelassenen Hosen und chronischer Arthritis und ohne jegliche Aussicht, Suzana jemals an den Busen fassen zu dürfen.

An einem heißen und trostlosen Sonntag im Jahr 1996 kam mein Vater zu mir und sagte: „Junge, hier gibt es keine Zukunft für dich. Hör auf deinen alten Vater und geh nach Deutschland.“ Ich kann mich noch genau an seinen Gesichtsausdruck und besonders an den Ton in seiner Stimme erinnern. Da war nichts Bettelndes, nichts Anweisendes und auch nichts Verzweifeltes. Er sagte diesen Satz in aller Seelenruhe, sodass mir nichts anders übrigblieb, als darüber nachzudenken. Und das tat ich.

Ich habe vor einigen Jahren etwas von japanischen Kriegern gelesen, und da hieß es, dass man nicht mehr als sieben Atemzüge machen soll, um eine Entscheidung zu fällen. Ich brauchte keine drei, um meinem Vater recht zu geben.

Bereits am darauffolgenden Dienstag standen wir beide am Busbahnhof in Livno. Ich hatte eine mit ein paar Habseligkeiten gepackte Sporttasche in der Hand und 300 geliehene Mark in der Jackentasche.

„Du wirst doch jetzt nicht weinen“, sagte mein Vater zu mir, gab mir die Hand und drückte mich noch einmal an sich. Dann schob er mich in den Bus. Ich nahm auf dem erstbesten Sitz Platz und sah durch das Fenster, wie mein Vater mich mit einer Geste, die durchaus etwas Militärisches hatte, verabschiedete.

„Ajmo s pomoću Božjom“, rief der dicke Busfahrer den Herrgott um Beistand an und machte sich mit uns auf den Weg nach Stuttgart.

Mein Vater hatte dort einen Bekannten, bei dem ich ein paar Tage schlafen konnte und der mir einen Job in Deutschland verschaffen wollte. Dieser Bekannte arbeitete irgendwo auf dem Bau. Bauarbeiter war zwar nie mein Traumjob, aber in jener Situation spielte das keine Rolle. Hauptsache, ich hatte Arbeit und konnte ein wenig Geld verdienen.

Schon kurz nach der Abfahrt aus Livno packte die ersten Reisenden der Hunger und sie begannen, ihn zu stillen. Nichts Außergewöhnliches, könnte man meinen, wenn die Reisenden nicht Kroaten oder sagen wir mal Menschen aus dem ehemaligen Jugoslawien gewesen wären. Ich kann nichts dazu sagen, wie Amerikaner, Südafrikaner oder Inder reisen und dabei essen, aber ich weiß sehr wohl, wie das bei meinen Landsleuten aussieht. Als ob sie einen Drei-Tages-Marsch hinter sich hätten, machten sie sich über ihre *slanina* und *luk*, manchmal auch *paradajz* her, ihren mitgebrachten Schweinespeck, Zwiebellauch und manchmal auch Tomaten, die sie chirurgisch genau auf ihren Frühstücksbrettchen in mundgerechte Portionen schnitten. Immer nach dem gleichen Muster: zuerst ein Scheibchen Brot als Trägermaterial, dann einen Streifen Speck und ein Achtel Tomate obendrauf. Dann schnell in den Mund damit und zum guten Schluss noch einmal herzhaft vom Zwiebellauch abbeißen. Das Ganze mit irgendwas hinunterspülen, am Ende noch eine *loza*, einen Schnaps, damit das verspeiste Essen im Magen leichter verdaut werden kann, und nach wenigen Minuten drei oder vier Mal aufstoßen.

Wenn dann schließlich gefühlte Dreiviertel der Reisenden aufstoßen, wohlgemerkt in einem Fahrzeug, in dem man keine Fenster öffnen kann, dann ist schon nachzuvollziehen, warum immer weniger Bosnier mit dem Reisebus reisen.

Nach diversen Stopps in Bosnien und Kroatien war der Bus schließlich bis auf den letzten Platz besetzt.

Ich erinnere mich noch gut, dass ich damals lange gegen die Müdigkeit angekämpft habe. Nicht, weil ich mich an den Städten und Dörfern, an denen wir vorbeifuhren, nicht sattsehen konnte oder die Luft im Bus zu speck- oder lauchgeschwängert gewesen wäre, sondern schlicht und einfach aus Angst vor der Zukunft. Immerhin hatte ich erst wenige Stunden zuvor meine Heimat verlassen und war auf dem Weg zu einem mir völlig unbekannten Bekannten meines Vaters, in ein Land, in dem mir alles unbekannt war. Seit jener Busfahrt ist mir das Gefühl des Unbekannten sehr bekannt. Aber irgendwann nach der deutschen Grenze bin ich dann doch eingeschlafen.

Um halb fünf in der Frühe am nächsten Morgen weckte mich der dicke Busfahrer mit den Worten: „*Ajmo momak*". Wörtlich übersetzt bedeutet das „Auf geht´s, Junge", aber so, wie dieser dicke Mann das sagte, klang es eher wie „Raus hier, du Penner!"

Ich stieg aus, stellte mich instinktiv etwas abseits und schaute zu, wie die anderen Passagiere einer nach dem anderen zielstrebig weggingen oder von Freunden, Bekannten oder ihren Liebsten abgeholt wurden. Irgendwann war auch der letzte meiner Mitreisenden abgeholt oder unterwegs. Der dicke Busfahrer schloss die Gepäckraumtür, setzte sich ans Steuer und fuhr davon.

Zurück blieb nur ich.

Drei Zigaretten und einige schöne Augenblicke des Sonnenaufgangs später war mir klar, dass mich niemand abholen würde. Niemand hatte mich bestellt, und keiner wartete auf mich.

Ich weiß noch genau, wie ich an jenem Morgen am Stuttgarter Omnibusbahnhof an die Abschiedsworte meines Vaters zurückdachte: „Du wirst doch jetzt nicht weinen." Hätte er gesagt „Lass was von dir hören" oder „Wir sehen uns", hätte ich mir von den 300 Mark sofort ein Ticket zurück nach Bosnien gekauft. Aber er sagte: „Du wirst doch jetzt nicht weinen." Und auch wenn er nie eine besondere Schulausbildung genossen hatte und zweifelsohne auch kein Psychologe ist, wusste er trotzdem verdammt gut, was er damit bewirken würde.

Ein Bosnier weint nicht. Ich meine natürlich nicht, dass wir nie weinen. Wenn wir uns mit einem Hammer auf den Finger schlagen, fluchen und heulen auch wir. Ich meine etwas anderes. Wenn er vergessen, gedemütigt oder verletzt wird, dann kommt all sein Trotz und Stolz zum Vorschein und in solchen Situationen kneift ein Bosnier die Arschbacken zusammen und geht einfach darauf los. Und genau das tat auch ich.

Ich lief vom Omnibusbahnhof aus einfach in irgendeine Richtung. Auch wenn sich das jetzt vielleicht ein wenig verrückt anhört: Ich fand meinen ersten Tag in Deutschland schön. In einem Supermarkt, der gerade aufgemacht hatte, kaufte ich mir das billigste Brot und die billigste Wurst, die ich fand. Ich aß auf einer Wiese im Park, trank Wasser aus dem Hahn in einer öffentlichen Toilette und sah mir Stuttgart an. Den ganzen Tag. Ich verschwendete keinen Gedanken an den unbekannten Bekannten meines Vaters, keinen Gedanken an meine Eltern, keinen Gedanken an meinen Bruder oder sonst jemanden, den ich in Bosnien zurückgelassen hatte. Dass sich der Bekannte meines Vaters lediglich verspätet haben könnte und jetzt auf dem Busbahnhof auf mich wartete: Das kam mir nicht einmal in den Sinn. Ich mag nicht der intelligenteste Mensch auf Erden sein, aber ich wusste sehr wohl, dass der ominöse Freund nie auftauchen würde. Ich sollte recht behalten. Bis heute.

Ich lief irgendwelche Straßen hinauf und hinunter und versuchte mir zu merken, wie ich wieder zurückkam. Hänsel und Gretel streuten Brotkrümel, ich sammelte im Kopf die Bilder von Geschäften, markanten Häusern oder Straßenschildern, die mir als Orientierungspunkte auf dem Rückweg dienen konnten.

Was ich auf meinen Vorstößen und Rückzügen sah, gefiel mir, und an meinem ersten Tag in Deutschland fühlte ich mich wie bei der Exkursion in der achten Klasse, als wir unter der Leitung der Frau Svoboda unsere Klassenfahrt nach Dubrovnik machten.

Ich lief umher und meine Augen und meine Ohren saugten so viel Energie auf, dass ich alleine davon hätte eine Weile überleben können.

Ich sah das erste Mal in meinem Leben echte Straßenbahnen. Heute sind sie nichts Besonderes mehr für mich, aber damals kamen sie mir vor wie Spaceshuttles auf Schienen.

Im Gegensatz zu den Omas in meiner Heimat, die traditionell dunkel bis schwarz gekleidet waren, sah ich in Stuttgart das erste Mal ältere Damen in farbenfrohen Kleidern. Sie saßen in Cafés, tranken Cocktails und rauchten: alles Dinge, die meine Großmutter niemals gemacht hatte.

Ich sah viele Menschen, die ganz unterschiedlich gekleidet waren, unterschiedlich liefen, unterschiedlich redeten und überhaupt ganz unterschiedlich zu sein schienen. Alle auf einem Haufen. Und das fand ich mehr als interessant. So verbrachte ich den Rest des Tages damit, mir Stuttgart und seine Menschen anzusehen.

Dann kam der Abend.

Mein erster in Stuttgart. Ich saß lange auf einer Parkbank am Schlossplatz. Selbstverständlich wusste ich nicht, dass es der Schlossplatz war. Für mich war es damals einfach nur eine große Grünfläche, auf der zuerst ganz viele Menschen saßen und sehr viele verliebte Pärchen lagen. Je später der Abend und je dunkler die Nacht wurden, desto leerer wurde die Wiese. Zuerst gingen diejenigen, die nicht engumschlungen am Boden lagen und einander küssten, und irgendwann machten sich auch alle Liebenden in Stuttgart auf den Weg dorthin, wo man sich bequemer hinlegen konnte.

Abgesehen von vereinzelten Spaziergängern war ich bald der Einzige, der immer noch hier war.

Wieder kämpfte ich lange mit der Müdigkeit, schließlich stand ich auf und ging in Richtung unbekannt. Als ich an einer großen Kirche in der Nähe des Schlossplatzes vorbeikam, sah ich, dass die Seitentüre nicht abgeschlossen war.

Ich ging hinein. Weniger, weil ich das Bedürfnis hatte, mich mit Gott zu unterhalten, sondern eher aus dem Bauch heraus. Ohne Sinn. Ohne Verstand. Ohne Absicht. Doch die sollte schnell kommen.

Ich betrat also die Kirche. Als ich mir sicher war, dass da kein Mensch war, legte ich mich in die letzte Bankreihe. Vielleicht wollte ich mich nur kurz ausruhen, aber ich schlief sofort ein.

Nur einmal bin ich kurz aufgeschreckt, da war es draußen schon dunkel. Offensichtlich störte es den lieben Herrgott nicht, dass ich im Hotel St. Eberhard nächtigte, und solange Er einverstanden war, interessierte mich nicht, was Menschen dazu sagen könnten.

Jene Holzbank in der Domkirche St. Eberhard in Stuttgart sollte noch für einige Tage mein Bett sein. Ich schäme mich nicht dafür, aber ich bin auch nicht stolz darauf. Es musste so sein und es hätte auch schlimmer kommen können.

Alleine schon wegen jener Nächte, meiner ersten in Stuttgart, werde ich nie aus der Kirche austreten, denn zu mir war die Kirche gut.

Die Stadterkundungen machten mir von Tag zu Tag immer weniger Spaß, denn die Freude am Neuen war getrübt durch die Angst zu versagen. Ich dachte darüber nach, was meine Eltern wohl dachten. Ob sie sich Sorgen machten. Ob sie ahnten, dass mich keiner abgeholt hatte und ich nun in einer Kirche schlief.

Immerhin hatte ich sie seit Tagen nicht angerufen.

Heute lache ich darüber und schüttle den Kopf über diese Fragen, denn selbstverständlich machten sie sich Sorgen. Aber ich hatte mir geschworen, mich erst bei ihnen zu melden, wenn ich in meinem neuen Leben angekommen war.

Mir war klar, dass ich nicht für den Rest meines Lebens tagsüber Stuttgart zu Fuß erkunden und nachts in der Domkirche St. Eberhard schlafen konnte. Aber was hätte ich machen sollen? Mich bei der Polizei oder einer anderen staatlichen Stelle melden? Ohne ein Wort Deutsch zu können? Oder bei meinen Eltern anrufen und ihnen die Wahrheit sagen? Oder mich an irgendwelche Landsleute kletten, denn ich hörte damals viele Menschen kroatisch oder serbisch sprechen, und hoffen, dass sie sich meiner erbarmten?

Ich beschloss also nicht nur, nicht zu weinen, sondern auch, mich erst dann zu melden, wenn ich es geschafft hatte. Alles dazwischen kam nicht in Frage.

Wenn du in Bosnien aufgewachsen bist, dann tickst du anders. Versagen ist da keine Option. Egal, wie aussichtslos etwas auch zu sein scheint.

Ich glaube nicht an viele Dinge. Und von den wenigen Dingen, denen ich Glauben schenke, gibt es solche, an die ich sehr glaube, und solche, an die ich weniger glaube.

So glaube ich zum Beispiel sehr an das Gute im Menschen. Aber ich glaube nur bedingt, dass viele Menschen Gutes tun. Ich glaube fest daran, dass man im Leben alles erreichen kann, wenn man es nur bedingungslos will. Ich glaube aber kaum, dass viele Menschen die Bedeutung des Wortes bedingungslos kennen. Ich glaube sehr, dass es irgendetwas geben muss, das schlauer ist als wir Menschen oder die Natur. Manche nennen es Gott, andere Schicksal, Dritte wiederum haben irgendeinen galaktischen Begriff dafür. An Zufälle glaube ich hingegen nicht.

Und der Alte war kein Zufall.

Der Alte heißt eigentlich Karl-Heinz. Oder einfach nur Kalle, wie wir ihn alle nennen. Ich traf ihn an meinem sechsten Tag in Deutschland.

An meinem fünften Tag in Deutschland wachte ich früh morgens in der Domkirche St. Eberhard auf und schlich mich durch die Seitentür hinaus. Nach einem ernsten Gespräch, das ich mit meinem Inneren geführt hatte, beschloss ich, so lange in Deutschland zu bleiben, wie mir die 300 Mark reichten, ohne zu stehlen. Wenn das Geld aufgebraucht war und ich noch immer keinen Job hatte, konnte ich mich immer noch auf dem Busbahnhof herumtreiben und auf den dicken Busfahrer warten, der mich hergebracht hatte. Ich würde ihn dann bitten, mich wieder mit zurück zu nehmen, um dann aus Verachtung vor mir selbst sterben.

Aber soweit war es noch nicht. Ich hatte noch mehr als 280 Mark in meinem Geldbeutel, ich hatte ein reines Gewissen und den Glauben, dass ich es schaffen würde. Also ging ich wieder los, um mein neues Leben zu suchen. Ich hätte nie gedacht, dass ich es in Form einer Notiz finden würde, aber es war genau dieser Zettel, auf dem handschriftlich „Reifenmonteur gesucht" stand, der mein Leben für immer prägen sollte.

Er klebte an einer grünen Werkstatttür in der Straße, in der ich später meine erste Wohnung haben sollte. Ich nahm ihn ab und lief vier Kilometer zu einer Buchhandlung, die ich auf meinen Streifzügen entdeckt hatte. Dort suchte ich ein Wörterbuch Deutsch-Serbokroatisch.

Wahrscheinlich gab es zehn Buchhandlungen, die näher waren, aber ich kannte damals nur diese eine in der Nähe der Domkirche im Stadtzentrum.

Nach einer Stunde Suche hatte ich es dann endlich in der Hand. Mein Buch der Bücher, meine Bibel, die mir den Start in ein neues Leben ermöglichen sollte. Mithilfe des Wörterbuches entzifferte ich, dass die Werkstatt einen Reifenmonteur suchte. Eine Sekunde später wusste ich, dass ich nicht als Versager nach Bosnien zurückkehren würde.

An meinem sechsten Tag ging ich in aller Herrgottsfrühe zur Werkstatt und schaute zu, wie immer mehr Leute kamen und die Arbeit aufnahmen. Ich brauchte nicht lange, um herauszufinden, wer die Werkstatt leitete, denn der Alte machte sich die Hände nie schmutzig, obwohl er wie alle anderen einen Overall trug. Er überwachte alles und hielt mit jedem Kunden ein kurzes Pläuschchen. Ob Jung oder Alt: Er schien für jeden die richtigen Worte zu finden.

Ich nahm mir ein Herz, ging zu ihm hin, baute mich vor ihm auf und sagte, mit dem Zettel in der Hand so gut ich konnte: „Reifenmonteur gesucht? Reifenmonteur!" Den ersten Teil des Satzes versuchte ich so auszusprechen wie die Dame in der Buchhandlung, als ich ihr den Zettel zeigte. Beim zweiten Teil des Satzes klopfte ich mir auf die Brust, als hätte ich ganz alleine Russland erobert.

Der Alte sah mich an, blickte auf die Werkstattür, zeigte auf den Zettel, der einen Tag zuvor noch dort gehangen hatte, sah dann wieder auf mich und lachte schallend los. „Na dann zeig mal, was du kannst", sagte er.

Ich kann mich noch genau daran erinnern, dass eine Mercedes-Limousine auf den Werkstatthof fuhr. Der Alte zeigte auf das Auto und sagte zu mir: „Fahr ihn rein und wechsel die Reifen. Die neuen

Reifen sind im Kofferraum." Als ich nach einigen Sekunden immer noch wie angewurzelt dastand, hakte er nach: „Verstehst du mich?"

Noch Jahre später erzählte mir der Alte, ich hätte auch nach mehrmaligem Nachhaken immer noch blöd daher gegrinst und immer wieder ausschließlich „Reifenmonteur!" gesagt.

Also fuhr er den Mercedes persönlich in die Halle. Als dann einer seiner Angestellten, Manfred, mit dem ich mich heute sehr gut verstehe, loslegen wollte, hielt ihn der Alte zurück und forderte mich mit einer Kopfbewegung auf, die Reifen zu wechseln. Das verstand ich, und nach wenigen Minuten wusste jeder in der Werkstatt, dass ich Reifen wechseln konnte. Aber das Wichtigste war: Der Alte hatte die Gewissheit, dass er keinen neuen Reifenmonteur mehr suchen musste.

Der Besitzer des Mercedes nickte anerkennend, als ich ihm mit einer Kopfbewegung signalisierte, dass ich fertig war. Er sagte noch etwas für mich Unverständliches zum Alten, die beiden lachten, er stieg ein und fuhr weg.

Danach nahm der Alte mich mit ins Büro und versuchte, mit mir zu reden. Erst als nach geraumer Zeit eine Landsfrau von mir, die – wie ich später erfuhr – die Putzfrau war, hereinkam und übersetzte, was der Alte sagte, wurde mir klar, dass ich den ersten Schritt in mein neues Leben getan hatte.

Der Alte gab mir einen Schlafplatz, eine Festanstellung als Reifenmonteur und schickte mich abends zur Volkshochschule, wo ich Deutsch lernte. Die Kursgebühren zog er mir selbstverständlich vom Gehalt ab, aber das war mir egal.

Nach und nach lernte ich immer besser Deutsch. Ich zog in eine kleine Eineinhalbzimmer-Wohnung in der Nähe der Werkstatt und meldete mich nun regelmäßig in Livno. Nach meinem ersten

Winter in Stuttgart genoss ich wie alle anderen den Frühling. Ich blickte auf die Stadt im Talkessel von allen Höhen und Türmen in der Umgebung. Mittlerweile lief ich nicht mehr so viel, sondern fuhr in einem alten Fiat Uno, den ich einem Kunden abgekauft hatte.

Das erste Mal in meinem Leben spürte ich, dass es vorwärts ging. Das war ein gutes Gefühl.

„Warum hast du das alles für mich getan?", fragte ich eines Tages den Alten. Aber anstatt darauf zu antworten, wollte er von mir wissen, warum ich mich so gut mit Autos auskannte. Bis heute habe ich nicht herausgefunden, was seine wahren Beweggründe waren. Es ist nicht so, dass ich mir nicht immer wieder darüber Gedanken gemacht oder mich mit anderen Menschen darüber unterhalten hätte. Ich habe mir die wildesten Erklärungsversuche zusammengereimt. Aber für keinen einzigen gab es einen Beweis. Ich brauchte Jahre, um zu verstehen, dass der Alte einfach nur ein guter Mensch war. Es ist schon irgendwie seltsam: Da ist jemand einfach nur ein guter Mensch, aber das ist das Letzte, was einem einfällt.

„Das hat mir mein Vater beigebracht", antwortete ich ihm auf seine Frage.

„Der eigene Vater kann dich niemals so gut erziehen wie ein fremder Vater. Der eigene Vater liebt dich zu sehr und lässt dir zu viel durchgehen." Diese Worte stammen nicht vom Alten, sondern von meinem Vater.

Mein Vater Mate hat viele Jahre bei der Straßenwacht in Livno gearbeitet und ist das, was man im Volksmund gerne eine Legende nennt. Erst recht seit dem Winter 2009. Seinen Legendenstatus verdankt er seinem fahrerischen Talent und einem alten tschechischen LKW der Marke TATRA.

Während das Modell 148 S3 für jeden anderen Menschen auf dieser Erde einfach nur ein LKW war, war dieses Wunderwerk tschechischer Ingenieurskunst für meinen Vater viel mehr als nur eine Ansammlung von Bauteilen.

Dieser Laster war der Ort, an dem sich mein Vater am sichersten fühlte und gleichzeitig das Ding in seinem Leben, mit dem er am besten umgehen konnte. Dieser Laster war sein bester Freund und er behandelte ihn auch so.

Nach jeder Tour wusch er zuerst den Laster und dann erst sich selbst. Er ging mit dem TATRA öfter zum Ölwechsel als selbst zum Frisör. Doch das Markanteste an der Beziehung zwischen meinem Vater und seinem TATRA war die Tatsache, dass er für ihn einen Namen hatte: *Doruša.*

Doruša ist ein Wort, das die wenigsten Bosnier kennen oder gar verwenden. Es ist die weibliche Form von *dorat.* Das Wort wird ausschließlich in alten Heldensagen verwendet und bedeutet so viel wie Ross. *Doruša* hieß also so viel wie Stute.

Aber *Doruša* war viel mehr als das.

Es fing schon damit an, dass mein Vater niemals nur *Doruša* zu seinem Laster sagte, sondern nahezu immer „*lipa moja Doruša*", was übersetzt werden kann mit „meine liebe *Doruša*", „meine teure *Doruša*" oder „meine werte *Doruša*". Ob nun lieb, teuer oder wert: Es war seine *Doruša* und als Duo waren sie viele Jahre oder besser gesagt Jahrzehnte lang die Stars der Straßenwacht in Livno. Man kannte sie über die Grenzen der Stadt und des Kantons hinaus, und überall trifft man auch heute noch Menschen, die sagen:

„Gott hat Mate und *Doruša* füreinander geschaffen."

Über 30 Jahre lang hat mein Vater bei der Straßenwacht in Livno gearbeitet. Er und seine Kollegen fuhren entweder einen tschechischen TATRA, einen russischen KAMAZ oder einen jugoslawischen FAP.

Sie waren bekannt wie bunte Hunde, denn unter ihnen gab es mehr Schürzenjäger als in Hugh Hefners Villa. Aber so bekannt sie auch dafür waren, dass viele von ihnen nicht ausschließlich die eigene Ehefrau beglückten, so geschätzt und geliebt waren sie für ihre unendliche Großzügigkeit und ihren Edelmut.

Musste eine schwangere Frau kurz vor der Entbindung aus einem schwer erreichbaren Dorf unterhalb des Dinara-Gebirges südlich von Livno ins Krankenhaus gebracht werden, waren die Männer der Straßenwacht zur Stelle.

Brach irgendwo in den Cincar-Bergen nördlich von Livno die Stromversorgung zusammen und brauchten die alten Leute in den abgeschiedenen Dörfern Nahrung oder Medikamente, fuhren die Männer der Straßenwacht hinauf.

Hatten in der frühen Winterdunkelheit einige Kinder den Schulbus verpasst, fragten sie einfach einen der Männer der Straßenwacht. Der lud sie in sein Führerhaus ein und fuhr sie die 30 Kilometer nach Hause. Bis vor die Tür.

All diese edlen Taten leisteten die Männer der Straßenwacht kostenlos, und deswegen liebten sie die Leute in Livno.

Ihr eigentlicher Job war es jedoch, die Straßen in Livno und zu den benachbarten Städten intakt zu halten. Im Sommer bauten sie neue Straßen oder flickten die Löcher in den alten. Im Winter wurden die LKWs zu Schneeräumfahrzeugen, indem kurzerhand eine Räumschaufel und zwei zusätzliche Scheinwerfer anmontiert wurden.

Und beim Schneeräumen war mein Vater der beste Mann der Straßenwacht.

Der furchtlose Mate und seine *Doruša* waren für die Straße nach Norden zuständig.

Kein anderer Fahrer der Straßenwacht riss sich um diese Strecke. Viel lieber räumten sie die Straße nach Süden, die nach Split ans Meer führte. Sie war viel moderner und in den seltensten Fällen zugeschneit. Mein Vater war aus anderem Holz geschnitzt.

Sein Terrain war die Nordstraße nach Kupres, wo es über Nacht mehr als einen Meter Neuschnee geben konnte. Wo die Temperatur wochenlang weit unter dem Gefrierpunkt lag. Wo sich Fuchs und Hase „Gute Nacht" sagten.

Mein Vater kannte jede Kurve, jedes Schlagloch, jede Stelle, wo einen die starke Bora, der unberechenbare bosnische Wind, erwischen und auf der Straße drehen oder in den Graben schleudern konnte.

Auf dieser schwierigen Straße, die Bosnien mit Dalmatien verbindet, verbrachte mein Vater die meisten Tage im Winter. Nie allein, denn er hatte, wie er zu sagen pflegte, immer seine *Doruša* dabei. Und die beiden haben einiges mitgemacht, durchgestanden und erlebt.

Als ich noch ein kleiner Junge war, erzählte mein Vater mir viele Geschichten, die sich rund um Kupres herum abgespielt hatten. Eine ganz besondere ist die von den wilden Pferden, die auf dem Weg nach Kupres manchmal die Straße kreuzten.

Ich hielt das zunächst für ein Ammenmärchen, aber als ich zwölf Jahre alt war, nahm er mich einmal mit, und da habe ich diese wilden Pferde auf dem Kruge-Hochplateau mit eigenen Augen gesehen. Es gab sie wirklich, und mein Vater, der Held, hat mich zu ihnen geführt. Andere Kinder gehen auf den Ponyhof oder in den Zirkus, um ein Pferd zu sehen, aber mein Vater nahm mich mit zu einer

Herde von Wildpferden. Bis heute habe ich nichts erlebt, was auch nur annähernd so packend war wie diese Begegnung mit den wilden Pferden auf der Straße nach Kupres.

Die Wildpferde von Livno sind die Nachkommen domestizierter Pferde, die vor über 50 Jahren in die Freiheit ent-, das heißt sich selbst überlassen wurden. Wer dafür verantwortlich ist, weiß niemand so genau.

Dass sie letztendlich überlebt haben, verdanken diese Pferde der Güte Einzelner, die sich nicht zu schade waren, ihnen Futter oder Salz zu bringen. Auch mein Vater gehörte zu diesen Menschen, die Position und Kopf riskierten, um den Tieren zu helfen.

Doch das Hauptverdienst daran, dass es sie auch nach 50 Jahren Kampf gegen Unwetter, wilde Tiere und menschliche Bestien immer noch gibt, hatten und haben diese wunderschönen Tiere selbst. Sie ziehen in riesigen Herden über den Karst, immer auf der Suche nach Gras oder etwas anderem Essbarem, und halten nur an, um an einem Wasserloch zu trinken. Ansonsten sind sie sehr scheu und meiden Menschen, wo es nur geht.

In meinem ganzen Leben habe ich nie gehört, dass diese Tiere irgendeinen Schaden angerichtet oder irgendjemanden angegriffen hätten. Dennoch wurden und werden sie verfolgt und gequält. Sei es aus Dummheit oder Bösartigkeit.

Aber wie mein Vater sagte und immer noch zu sagen pflegt: „Sohn, das sind bosnische Pferde. Die sind hart im Nehmen.“ Meistens folgte diesem Satz dann noch eine schöne Geschichte über die Pferde.

Mal sehen. Vielleicht schaffe ich es die nächsten Tage, in die Berge zu fahren, um mich irgendwo zu verstecken und auf diese majestätischen Ge-

schöpfe zu warten. Ich weiß jetzt schon, dass sich das Frieren und Warten lohnen wird.

Überhaupt erzählte mein Vater mir immer nur von schönen Dingen, Menschen und Tieren, die ihm begegnet waren, während er die Schneemassen von der Straße nach Kupres schob. Er erzählte niemals, wenn etwas weniger schön war. Das machten dann andere.

So kommt es auch, dass die meisten Legenden, die über meinen Vater kursieren, von ihm niemals bestätigt, aber auch niemals dementiert wurden. Er sagte einfach gar nichts dazu.

Eine dieser Geschichten besagt, dass mein Vater samt seiner Doruša liegen geblieben war und vom furchtbaren bosnischen Winter Zentimeter für Zentimeter eingeschneit wurde. Er funkte um Hilfe und zwei seiner Kollegen, Mate Solić, genannt Bikan, was „Hornochse" bedeutet, und Jozo Andabak, genannt Mrki, was „der Grimmige" bedeutet, machten sich auf den Weg nach Kupres, um meinen Vater zu holen.

Es muss furchtbar gewesen sein. Bikan erzählt heute noch, dass er sich viel Mut hat antrinken müssen, um in jener Nacht nach Kupres zu fahren. Als sie schließlich die *Doruša* gefunden hatten, schaute von ihr nur noch ein Stückchen der Kabine aus dem Schnee. Aber das Beste sollte noch kommen: Die *Doruša* hatte keinen Sprit mehr, also war die Maschine aus. Bei einer Außentemperatur von minus 20 Grad kann es in so einem Laster schnell sehr kalt werden, doch anstatt sich mit allem Möglichen zuzudecken, was es in der Kabine der *Doruša* gab, zog sich mein Vater bis auf die Unterhose aus und machte in der Kabine Liegestütze. So hielt er sich warm und überlebte die 14 Stunden alleine in seiner Kabine ohne Heizung.

Als ihn Mrki und Bikan endlich befreit hatten und er zu Mrki in die warme Kabine kletterte, war der erste Satz, den er sagte: „Mensch, bei euch ist es aber heiß. Dreh doch mal die Heizung runter!“

Mrki lacht heute noch, wenn er meinen Vater besucht und diese Geschichte erzählt. Bikan ist vor vielen Jahren an Leberversagen gestorben, aber ich glaube, dass er auch herzlich mit ihnen lachen würde.

Mein Vater mochte Bikan sehr. Ich glaube sogar, dass Bikan sein Lieblingskollege war. Ich habe in Filmen oft gesehen, wie Menschen sagen, dass mit dem Tod eines geliebten Menschen ein Stück ihrer selbst stirbt. Um ehrlich zu sein, habe ich das für eine bloße Floskel gehalten. Aber als Bikan vor Jahren starb, hat mein Vater sehr gelitten. Und auch wenn ich das immer noch für ein wenig unglücklich formuliert halte, glaube ich, dass ein Teil meines Vaters starb, als Bikan von uns ging.

Bikan und mein Vater hätten nicht unterschiedlicher sein können. Mein Vater ist eher der introvertierte Typ, Bikan hingegen war derjenige, der sich permanent exponieren musste. Bei der Arbeit, beim Essen, beim Reden, beim Trinken, einfach bei allem: Bikan musste auffallen.

Als Kind habe ich ihn sehr oft gesehen, und von all den lustigen Geschichten, die mir zu ihm einfallen, muss ich am meisten über eine lachen, bei der ich nicht dabei war und die eigentlich keinen freudigen Anlass hatte.

Es passierte bei Bikans Beerdigung.

Bikan wurde auf dem Friedhof seines Geburtsdorfes begraben, das etwas außerhalb von Livno, unterhalb des Dinara-Gebirges, lag. Als Fahrer bei der Straßenwacht hatte er sein Leben lang solide verdient, aber als Lebemann verstand er es auch, alles wieder auszugeben. So kam es, dass seine Frau aus Mangel an finanziellen Möglichkeiten nur einen einfachen, günstigen Holzsarg bezahlen konnte, in dem Bikans Leichnam zu seiner letzten Ruhestätte getragen wurde.

Zu den Auserwählten, die den Sarg tragen durften, gehörten Bikans Bruder Žuti, Bikans Kollege Mrki, Bikans Nachbar, dessen Namen ich nicht kenne, und mein Vater.

Hinter den vieren liefen der Pfarrer und die Ministranten, dann Bikans Ehefrau und schließlich das ganze Dorf sowie jeder, den Bikan mal zum Lachen gebracht hatte, und das müssen eine ganze Menge Menschen gewesen sein.

Während also mein Vater und die anderen drei Bikan zu Grabe trugen, passierte das Schlimmste, was bei so einer Zeremonie passieren kann. Der Sarg - samt Bikans Leichnam - krachte zu Boden, weil die vorderen Handgriffe, die von Mrki und Bikans Nachbar gehalten wurden, aus heiterem Himmel abbrachen.

Mein Vater und Bikans Bruder, die den Sarg hinten stützten, konnten das Unglück nicht verhindern und nur noch zusehen, wie der Sarg zu Boden fiel.

Die ganze Trauergemeinde schreckte auf, aber niemand sagte etwas. Niemand bis auf einen.

Bikans Nachbar.

Dieser komische Kerl, dem der Sarg buchstäblich aus der Hand geglitten war, schaute auf den am Boden liegenden Sarg und sagte dann aus tiefster Seele heraus, so, wie das nur ein Bosnier kann:

„Jebo ti sebe Bikane, da nisi umro, sad bi crko. Kako bolan deknu o pod." Wörtlich übersetzt bedeutet das so viel wie: „Mensch Bikan, fick dich doch, wenn du nicht schon tot wärst, dann wärst du spätestens jetzt draufgegangen. So, wie es dich jetzt hingeschlagen hat."

Anstatt sich über die unangebrachte Wortwahl zu echauffieren, blickten sich die Anwesenden zuerst verschämt an. Dann lachte zunächst einer, dann immer mehr, und am Schluss alle, inklusive der Witwe und dem Pfarrer.

Das muss man sich erst einmal vorstellen: Da wird ein Mann zu Grabe getragen, fällt dabei in seinem Sarg zu Boden und die ganze Trauergemeinde lacht sich krumm und schief!

Das ist bosnischer Humor.

Selbst Karin kann mir nicht immer folgen und versteht auch nicht immer, worüber ich alles lachen kann.

Eine Woche nach diesen Ereignissen passierte wieder etwas, bei dem Bikan indirekt seine Finger mit im Spiel hatte.

Man muss wissen, dass sich in den letzten Jahren in Bosnien einige seltsame Bräuche etabliert haben, die es problemlos in das Buch „Die zehn kuriosesten Bräuche der Welt" schaffen würden.

Einer davon ist das Filmen von Beerdigungen.

Die meisten Menschen lassen Geburtstage, Hochzeiten und andere freudige Ereignisse auf Band festhalten, um sich diese irgendwann wieder anzuschauen und in schönen, freudigen Erinnerungen zu schwelgen.

Aber wer um Himmels willen kommt nach der Arbeit nach Hause, isst zu Abend und legt dann eine DVD ein mit dem Titel „Tante Fridas Beerdigung" oder „Papas letzter Gang" oder wie auch immer man so eine DVD sonst beschriften würde?

Anscheinend gibt es jedoch in Bosnien solche Menschen, also wurde auch Bikans Beerdigung gefilmt. Und jetzt wird es kurios.

Eine Woche vor Bikans Beerdigung war ein anderer Mann aus Bikans Dorf verstorben und Bikan war sein Sargträger gewesen. Er konnte zwar kaum noch richtig laufen, ließ es sich aber nicht nehmen, seinem Nachbarn die letzte Ehre zu erweisen, indem er ihn zu Grabe trug. Es waren fast die gleichen Menschen anwesend wie auch bei Bikans Beerdigung.

Es passierte, was passieren musste. Der Kameramann, der beide Beerdigungen gefilmt hatte, montierte aus Versehen in Bikans Beerdigung Szenen aus der Beerdigung, bei der Bikan Sargträger gewesen war. Und so hatte es Bikan geschafft, Sargträger bei seiner eigenen Beerdigung zu sein.

Wieder einmal lachte sich die ganze Stadt kaputt und auch ich ertappe mich gerade wieder dabei, wie ich lache.

Aber so unterhaltsam Bikan war, so unzuverlässig war er auch. Und untreu. Man soll bekanntlich über Tote nichts Schlechtes sagen, aber alles andere wäre eine Lüge. So kommt es auch, dass Bikans Frau ihrem Mann nicht gerade nachweint.

Mein Vater hingegen war ein Leben lang an der Seite meiner Mutter. Auch wenn es zwischendurch einen anderen Anschein erweckte.

Fragt man meine Mutter und meinen Vater danach, wie sie sich kennengelernt haben, bekommt man zwei unterschiedliche Versionen zu hören. Was das angeht, unterschieden sich meine Eltern nicht sonderlich von all den anderen Ehepaaren auf dieser Welt.

Die Version meiner Mutter hatte verschiedene Einstiegspunkte, aber die Version mit dem alten Dželal ist diejenige, die sich durchgesetzt und zur offiziellen Version meiner Mutter entwickelt hat. Wenn jemand wissen wollte, wie sich meine Eltern kennengelernt haben, fing die Geschichte nie mit dem ersten Augenkontakt oder dem ersten gewechselten Wort an. Sie fing immer mit dem alten Dželal an.

Der alte Dželal Omerpašić war Kunstlehrer an der Grundschule in Livno. Die Leute erzählten, er hätte wirklich Kunst studiert. Irgendwo in Prag oder Warschau, da waren sie sich nicht so einig. Die boshaften Leute sagten zwar, er hätte weder in Prag noch in Warschau studiert, sondern wäre nur zwei Jahre an der Universität in Novi Sad gewesen. Nicht einmal einen Abschluss soll er gehabt haben. Aber sowohl die guten als auch die boshaften Leute waren sich einig, dass der alte Dželal irgendwie merkwürdig war, und schrieben das seiner künstlerischen Ader zu.

Wie auch immer, der alte Dželal war für Tausende Kinder, die er in seiner langen Laufbahn unterrichtet hat, das einzige Tor zu den schönen Künsten, auch wenn es die meisten Menschen in Livno nicht so mit der Kunst hatten.

Kunst ist was für die Großstadt, Kunst ist was für komische Menschen und Kunst kostet ein Schweinegeld.

So lautete die damals vorherrschende Meinung in Livno.

So sehr sich der alte Dželal auch bemühte, den Kindern die Kunst näherzubringen, es ist etwas völlig anderes gewesen, das ihn unvergesslich gemacht hat.

Im ehemaligen Jugoslawien wurden die Lottozahlen am Dienstagabend gezogen. Und jeden Mittwochmorgen kreuzte der alte Dželal die bereits am Vorabend gezogenen Zahlen auf einem Spielschein an und zahlte den Spielschein ein. Besser gesagt, er ließ ihn einzahlen.

An dieser Stelle kam meine Mutter ins Spiel.

Fest davon überzeugt, dass die Gewinnzahlen zwar am Dienstagabend gezogen wurden, aber der Gewinner erst am Mittwochmorgen ermittelt wird, schickte der alte Dželal jeden Mittwochmorgen meine Mutter und ihre besten Freundinnen Iva, Esma und Svetlana zur Post, wo sie für ihn den Lottoschein einzahlten.

So wurde das früher in Jugoslawien gemacht.

Der alte Dželal erhoffte sich also, dass man die Gewinner irgendwann aufgrund einer technischen Panne später als üblich ermitteln würde, er es noch in die Auswahl schaffe, dann selbstverständlich die richtigen Zahlen angekreuzt habe und auf diese Art und Weise den großen Jackpot hole.

Die Leute, inklusive seiner Lieblingsschülerinnen Franjka, Iva, Esma und Svetlana, lachten hinter vorgehaltener Hand über ihn, aber er ließ sich von seiner Idee nicht abbringen. Schließlich habe sich das schon mal genauso abgespielt, vor Jahren in Prag, als er dort studiert habe. Einem Studienkollegen sei dieses Glück widerfahren und für den alten Dželal gab es überhaupt keinen Grund, warum dasselbe nicht auch ihm in Jugoslawien passieren sollte.

Selbstverständlich hat er bis zu seinem Tod nie auch nur einen Pfifferling gewonnen, aber ein Gutes hatte die ganze Sache doch: Ohne den alten Dželal und seinen großen Traum vom Hauptgewinn hätten sich meine Eltern vermutlich nie kennengelernt.

Als ich meine Mutter fragte, ob der Kunstunterricht so langweilig gewesen sei, dass sie lieber zum Postamt liefen, antwortete sie mir, dass ihr der Kunstunterricht und die Lottoträume des alten Dželal gleichgültig gewesen seien. Was sie interessierte, war die Tatsache, dass es Mittwoch war, und wer vor dreißig oder mehr Jahren in Livno aufgewachsen ist, dem bedeutete der Mittwochmorgen mehr als der Samstagabend.

Am Mittwoch war in Livno der *pazar*, den man in Deutschland als Markttag kennt. Aber im Gegensatz zu einem normalen Markt in Deutschland, wo es hauptsächlich frisches Obst und Gemüse gibt, wird auf der *pijaca*, also dem Marktplatz in Bosnien, viel mehr als nur Obst und Gemüse angeboten. Erst recht Anfang der Siebziger.

Damals kamen auf der *pijaca* Angebot und Nachfrage aus einem Umkreis von über hundert Kilometern zusammen und demnach gab es auf der *pijaca* Rinder, Kälber, Esel, Schweine, Kehrbesen, Holzfässer, Kleidung, Kochutensilien, Häkelware, Gobelins, Kinderspielzeug, Milchprodukte, Kaffeemühlen, Metallwaren, Werkzeuge aller Art und lauter andere Sachen, die man nie zu brauchen glaubte, aber die jeden Mittwoch gekauft wurden.

Auf der *pijaca* trafen sich Hinz und Kunz und es wurde gefeilscht und gefälscht, gelogen und betrogen, gefreut und bereut. Auf der *pijaca* wurde gegessen und getrunken, es wurde versprochen und gebrochen. Aber am allermeisten wurde auf der *pijaca* mit dem anderen Geschlecht geliebäugelt.

Genau aus diesem Grund gingen meine Mutter und ihre Freundinnen jeden Mittwoch zur Post, zahlten für den alten Dželal den Spielschein ein und machten auf dem Rückweg einen großen Umweg über die *pijaca*.

Sie schauten zu, wie alte Mütter ihre in die Jahre gekommenen Töchter noch irgendwo unterzubringen versuchten. Sie hörten genau zu, wenn die alten Tratschweiber ihre Töchter lauthals über den grünen Klee lobten, jedes Mal, wenn ein junger oder junggebliebener Mann in der Nähe auftauchte. Und sie lachten ungeniert, so laut, bis sie eines der Tratschweiber verfluchte und ihnen das gleiche Schicksal wünschte.

Sie sahen zu, wie Leute von Hütchenspielern übern Tisch gezogen wurden und wie Taschendiebe an ihre Beute kamen. Aber am meisten hielten sie nach jungen, hübschen Männern Ausschau, um dann schließlich so zu tun, als ob sie sie nicht sehen würden.

So oder so ähnlich muss es auch an jenem Mittwoch gewesen sein, als sich meine Eltern das erste Mal begegneten.

Iva, Mutters Freundin aus Jugendtagen, war eine Gruppe junger Männer aufgefallen und zu ihrem Glück, oder besser gesagt zum Glück für meine Mutter, kannte Iva einen der jungen Männer aus der Gruppe. Dieser steuerte mit seinen Freunden direkt auf meine Mutter und ihre Freundinnen zu. Nach dem in Bosnien unumgänglichen Anfangsgeplänkel, bei dem man sich nach dem Wohlbefinden und nach Neuheiten erkundigte und die Antwort immer „Gut" und „Nichts" lautet, kam es zur ersten Konversation zwischen meinen Eltern.

Meine Mutter erzählte, dass mein Vater ein hübscher, aber sehr zurückhaltender und schüchterner Mann war, der bei ihrem ersten Treffen eine Mistgabel in der Hand hielt.

Er muss sich diese auf der *pijaca* gekauft haben und war wahrscheinlich auf dem Weg nach Hause. Als sie ihm vorgestellt wurde und sie einander die Hand reichten, sagte mein Vater schlicht, dass es ihn freue, sie kennenzulernen.

Auf Bosnisch heißt das: „*Drago mi je.*"

Übersetzt: „Es ist mir eine Freude."

Allerdings war meine Mutter noch nie auf den Mund gefallen und revanchierte sich mit einer Bemerkung, die witzig sein sollte. Sie sagte: „*Drago mi je tetak.*"

Drago bedeutet im Bosnischen nicht nur Freude, sondern ist auch ein häufig vorkommender männlicher Vorname, und dann bedeutete „*Drago mi je tetak*" so viel wie „Drago ist mein Onkel."

Auch wenn dieser Witz bereits in den Siebzigern einen ganz langen Bart hatte, lachten alle Anwesenden.

Bis auf meinen Vater.

Ihm war es ganz offensichtlich peinlich, und mindestens genauso unangenehm war es meiner Mutter, denn das Letzte, was sie beabsichtigte hatte, war, diesen jungen Mann bloßzustellen. Ganz im Gegenteil: Sie wollte diese zarte Hülle der Schüchternheit durchstoßen, um schließlich an das heranzukommen, was in ihr steckte. Eine ehrliche, schüchterne, treue Seele, zu der sie sich hingezogen fühlte.

Ich weiß nicht, ob sie all das wirklich schon in dieser Sekunde erkannte. Ich weiß nur, dass sie immer erzählte, dass sie bereits als kleines Mädchen davon geträumt hatte, einen großen, breitschultrigen, extrovertierten Mann zu heiraten.

Aber die Liebe macht auch in Bosnien, was sie will, und so kam es, dass sich meine Mutter – wie sie selbst sagt – in einen Mann verliebte, von dem sie das nie gedacht hatte.

Nachdem relativ schnell klar war, dass die anderen Männer kein gesteigertes Interesse an den Freundinnen meiner Mutter hatten, und die Gruppen sich wieder daran machten, ihres eigenen Weges zu gehen, tat mein Vater genau das Richtige, wie meine Mutter später erzählte.

Er fragte sie, ob sie ihm nicht noch ein wenig Gesellschaft leisten wolle. Sie bejahte, woraufhin er seine Mistgabel einem seiner Freunde in die Hand drückte mit dem Hinweis, sie bei ihm zu Hause abzugeben. Sie wiederum sagte ihren Freundinnen, dass sie bald nachkommen würde und dass sie ruhig schon ohne sie zurück zur Schule gehen sollten.

Und dann machten meine Eltern etwas, was sie im Laufe der Jahre leider verlernt haben: Sie gingen einfach miteinander spazieren und unterhielten sich.

Zwei junge Menschen, die aneinander Gefallen gefunden hatten, platzten fast vor Neugier, wenn schon nicht alles, dann wenigstens so viel wie möglich über den anderen zu erfahren.

So verbrachten sie mehrere Stunden in trauter Zweisamkeit, zunächst auf der *pijaca*, dann im Park, dann in der Altstadt. Sie redeten über Gott und die Welt, obgleich sie beide weder von Gott noch von der Welt viel wussten. Wie die meisten ihrer Altersgenossen hatten sie Livno nur ein oder zwei Mal verlassen. Aber wenn man frisch verliebt ist, dann ist Gott ganz nah und die Welt ganz klein.

Ich habe diese Geschichte von meiner Mutter vor vielen Jahren gehört, aber verstanden habe ich sie erst, als ich meine Frau kennengelernt hatte. Wenn du den Richtigen oder die Richtige gefunden hast, dann weißt du auch, wie es sich anfühlt, verliebt zu sein. Das sind die Stunden, in denen die Zeit fliegt, obgleich du dir wünschst, sie möge stehenbleiben. Es sind die Stunden, in denen du nicht aufpasst, was du sagst, obgleich du es dir ganz fest vorgenommen hast. Es sind die Stunden, in denen du keinen Hunger und keinen Durst verspürst, obgleich du nichts gegessen oder getrunken hast.

So muss es auch bei meinen Eltern gewesen sein, denn beiden war es entgangen, dass der Tag immer älter und der Himmel immer dunkler geworden war. Das Letztere nicht deswegen, weil die Nacht hereinbrach, sondern weil sich ein Gewitter ankündigte. Als sie es bemerkten, war es zu spät.

Irgendwo zwischen dem Rathaus und der alten Schule brach das Unwetter über die Stadt und über die beiden herein. Und mit dem Regen kamen auch die Gefühle.

Sie wehrten sich gegen beides nicht und so ergab es sich, dass mein Vater meine Mutter im strömenden Sommerregen zum ersten Mal küsste.

Die Version meines Vaters war deutlich kürzer.

Er sei in die Stadt geschickt worden, um eine Mistgabel zu kaufen, und war schon auf dem Weg nach Hause, als er dann meiner Mutter begegnete. Er fand sie hübsch und dann waren sie so ein bisschen unterwegs und zum Kuss kam es dann irgendwann auch. Ende.

So sind wir Bosnier eben: für Gefühle durchaus zu haben, aber niemals bereit, darüber in der Öffentlichkeit zu reden. Nicht einmal vor den eigenen Kindern. Geht ja auch keinen was an.

Ich habe meine Frau allerdings nicht auf der *pijaca* kennengelernt, sondern in der Werkstatt. Und der erste Mensch, dem ich davon erzählt habe, waren weder meine Mutter noch mein Vater oder mein Bruder, sondern mein herzallerliebster, aber sehr einfach gestrickter Cousin dritten Grades namens Antiša.

Antiša kam ein paar Jahre nach mir nach Deutschland. Ein Landsmann hatte ihm in seiner Trockenbaufirma einen Job als Monteur angeboten, den Antiša aus Mangel an Karrierealternativen in Bosnien dankend angenommen hatte.

Antiša und ich trafen uns nicht allzu häufig. Gerade so oft, dass wir uns was zu erzählen hatten. Und wenn wir uns trafen, dann im „Mondeo", einer Kneipe in der Stuttgarter Altstadt, in der hauptsächlich Kroaten verkehrten.

So war es auch an jenem Abend, als ich Antiša zum ersten Mal von Karin erzählte.

Nach einer herzlichen Begrüßung und der Vergewisserung, dass es uns beiden blendend ging, kam die nächstlogische Frage in einer bosnischen Konversation: „Was gibt´s Neues?"

„Ich hab jetzt eine Freundin. Sie heißt Karin und ist eine Deutsche", antwortete ich ihm, worauf er erwiderte: „Ich wusste es. Fick doch den Hund, ich wusste es."

Antiša war ein waschechter Bosnier, der fast jeden Satz mit einem verbalen Geschlechtsakt begann. Und falls dieser nicht damit begann, dann beendete er ihn sicher so. „Ja verfickt noch eins, erzähl mal: Wie? Wann? Wo?" Auf Bosnisch heißt das dann: „*Jebo ti sebe, pa pričaj: Di? Kada? Kako?*"

Um auf diese Fragen wahrheitsgemäß zu antworten, würde ich eine Weile brauchen, sagte ich ihm, und keine Sekunde später versicherte er mir, während er seinem Vokabular treu blieb, dass er es hören wolle.

„Es war ein Sommertag vor neun Jahren. Die große Uhr in der Werkstatt verriet mir, dass mich nur noch drei Minuten vom Feierabend trennten. Da ich an jenem Tag hart und viel gearbeitet hatte, freute ich mich auf das Nichtstun in den Abendstunden. Ich ging zur Umkleidekabine und begann bereits, mich umzuziehen, als der Alte hereinkam und mir sagte, dass da noch ein Kunde vor der Tür stehe und ob ich ihn nicht übernehmen könne. Ich fluchte, was ich mittlerweile auch auf Deutsch ganz gut konnte, und regte mich ziemlich auf, aber ging dann doch hinaus, um diesen letzten Kunden des Tages noch zu bedienen.

Vor der Werkstatttür stand sie.

Die schönste Frau, die ich bis dahin gesehen hatte.

Sie stand einfach nur da, so schön wie ein sonniger Tag, und ich bewegte mich weder vor noch zurück, dafür drehte sich in meinem Kopf und meinem Bauch plötzlich alles."

„Ach fick doch die Henne, du übertreibst sicher wieder maßlos", fiel mir Antiša ins Wort.

„Das tue ich nicht", beteuerte ich, denn als ich Karin das erste Mal sah, erging es mir genau so, wie ich das nur aus den Erzählungen meiner Mutter über ihr erstes Treffen mit meinem Vater kannte.

„Karin stand neben ihrem Peugeot 205 und lächelte mich an, als ich durch die Tür trat. Sie lächelte so freundlich, wie sie immer lächelt. Aber ich bildete mir ein, sie würde mich angrinsen.

Anstatt zurückzugrinsen, stand ich stocksteif da und starrte sie wortlos an.

Ein paar Sekunden später klopfte mir der Alte von hinten auf die Schulter und bemerkte trocken, dass die junge Dame sicherlich nicht den ganzen Abend dort stehen wolle. Sie hörte das und lachte leise, der Alte lachte laut und ich erwachte aus meiner Starre.

Sie kam auf mich zu, gab mir den Autoschlüssel und fragte, ob es möglich sei, bis morgen neue Sommerreifen aufzuziehen. ‚Selbstverständlich', stotterte ich und fragte, ob sie schon wüsste, welche Reifen sie haben wolle. Sie zeigte auf den Alten und nickte. Dann drehte sie sich um und schwebte in ihrem Sommerkleidchen davon".

„Einen Scheiß schwebte sie davon ...", kommentierte Antiša meinen letzten Satz, forderte mich aber mit seinem Blick auf, weiterzuerzählen.

„Ich ging zurück in die Werkstatt und machte das Tor auf. Ob ich denn keinen Feierabend machen wolle, fragte mich der Alte. Ich log ihn an, dass ich das noch heute Abend schnell erledigen wolle, und hoffte, er würde mir das abnehmen. Er lachte nur und zeigte mir den Satz neuer Reifen, den ich aufziehen sollte. Dann ging er weg und ich blieb alleine in der Werkstatt und wechselte die Reifen am Auto meiner heutigen Ehefrau.

Nach getaner Arbeit ging ich nach Hause, fand aber in dieser Nacht keinen Schlaf".

„Fick doch den Schlaf", kommentierte Antiša meine Geschichte, „erzähl weiter."

„Am nächsten Morgen ging ich sehr früh in die Werkstatt. Wie es der Teufel so wollte, kam der Alte an jenem Morgen auch früher als sonst und erwischte mich, wie ich die Schrauben an Karins Peugeot nachkontrollierte. Was ich denn da mache, wollte er wissen, und aus Mangel an guten Antworten erwiderte ich, dass ich nachkontrollieren wollte, ob sich nicht vielleicht irgendeine Schraube über Nacht gelöst hätte."

So laut damals der Alte lachte, so laut lachte auch Antiša, als er das hörte, und sagte prompt: „Bei dir ist eine verfickte Schraube im Kopf locker geworden, aber erzähl ruhig weiter. Selten so einen Scheiß gehört ..."

Ich merkte, wie blöd sich meine Geschichte anhörte, und wollte aufhören, aber Antiša ließ nicht locker: „Verfickt noch eins, lass dir nicht jedes Wort aus der Scheiß-Nase ziehen. Du, Schrauben nachziehen, und dann?"

„Nichts und dann", schmollte ich und versuchte vom Erzählstil meiner Mutter zum Erzählstil meines Vaters zu wechseln. Aber das reichte Antiša nicht und er bohrte so lange nach, bis ich doch im Stil meiner Mutter fortfuhr.

„Als ich also dem Alten weisgemacht hatte, dass ich die Schrauben nachziehen würde, lachte er und fing an zu singen. Mit seiner ungeübten Bassstimme fing er an zu brummeln: ‚Rote Lippen soll man küssen, denn zum Küssen sind sie da, rote Lippen sind dem siebten Himmel ja so nah ...'

‚Was?', wollte ich vom Alten wissen, aber er lachte nur und fuhr fort, die Melodie des alten Cliff-Richard-Klassikers zu pfeifen. Wenige Minuten später kamen meine Kollegen und ein ganz normaler Arbeitstag nahm seinen Lauf."

„Verfickt noch eins, ist das alles?", wollte Antiša wissen.

„Nein", antwortete ich ihm. „Um vier Uhr nachmittags kam sie dann, um ihren Wagen abzuholen. Ich war gerade im Lager und verstaute einen Satz Reifen, als der Alte seinen Kopf zur Tür hereinsteckte und sagte: ‚Dein Kunde.' Dann warf er mir einen Schlüssel zu. Ohne zu kapieren, was er meinte, ging ich zur Tür. Erst als er wieder anfing, die Melodie von ‚Rote Lippen soll man küssen' zu pfeifen, wusste ich, wer mein Kunde war.

Ich ging nach draußen und da stand sie."

„Schön wie ein verfickter sonniger Tag, oder?", wollte Antiša wissen und lachte lauthals.

Ich lachte und nickte, worauf er erwiderte: „Ich wusste es, verfickt noch eins." Und tatsächlich erschien sie mir an diesem Tag noch schöner als am vorangegangenen.

„Sie hatte ihr langes Haar zusammengebunden und trug einen Rock zu einem engen Oberteil, das ihre Figur betonte. Ich ertappte mich dabei, wie ich auf ihren Busen starrte, ermahnte mich aber sofort selbst und richtete meinen Blick auf ihr nicht weniger schönes Gesicht. Sie erkannte mich, lächelte freundlich und kam auf mich zu. Meine Knie wurden ganz weich und für einen kurzen Augenblick wünschte ich mir, sie würde nicht so schnell näher kommen, nur um mir in der nächsten Sekunde zu wünschen, dass sie nur ja nicht stehen bleiben solle."

„Verfickte Scheiße, du kannst aber eine Gülle reden", kommentierte Antiša meinen letzten Satz, hob sein Bier und sagte: „Auf dich! Und wie heißt sie?"

„Karin", antwortete ich. „Karin heißt sie, und als sie vor mir stand, sagte sie: ‚Vielen Dank, dass es so kurzfristig geklappt hat. Ich schulde Ihnen was.' Ich gab ihr geistesabwesend den Schlüssel, sie bedankte sich noch einmal, drehte sich um und ging weg. Ich starrte ihr auf den Hintern, während sie zu ihrem Peugeot ging, einstieg und wegfuhr. Sie winkte mir noch kurz zu, ich hob den Arm und dachte sofort, dass mein Winken aussah, als ob ein Industrieroboter seinen Arm von links nach rechts schwenkte.

Dann war sie weg.“

„Wie weg? Fick doch den Schraubschlüssel, ich dachte, ihr seid jetzt ein Paar? Wie seid ihr denn zusammengekommen?“, wollte Antiša wissen.

Ich nahm mein Bier, trank einen großen Schluck und nachdem ich mein Glas wieder abgesetzt hatte, erwiderte ich nur trocken: „Fahrzeugschein.“

„Was Fahrzeugschein?“, wollte Antiša wissen.

„Im Fahrzeugschein stand ihre Adresse.“

„Ja und?“, hakte er nach.

„Na ja, noch am selben Tag habe ich nach der Arbeit einen Spaziergang unternommen.“

„Alter, fick doch den Fahrzeugschein, rede endlich Klartext.“

„Tue ich doch“, antwortete ich.

„In ihrem Fahrzeugschein stand ihre Adresse, also bin ich nach der Arbeit dort hingegangen und die Straße rauf- und runterspaziert.“

„Warum?“, fragte Antiša nach.

„Mensch Antiša, bist du schwer von Begriff! Ich hatte ihre Adresse, also bin ich zu ihr hin und bin die Straße rauf- und runtergegangen, in der Hoffnung, ihr über den Weg zu laufen. Wie ein verrückter Vollidiot. Rauf und wieder runter. Ich hab sogar ihren Peugeot stehen sehen, aber ich wollte nicht die ganze Zeit neben dem Auto herumlungern, sonst hätte noch jemand denken können, dass ich das Auto klauen will. Also hab ich mich immer wieder ein Stück vom Auto entfernt, und so nach 100 Metern hab ich wieder gewendet und bin in die andere Richtung gelaufen. Über eine

Stunde lang. Einmal habe ich mir Kippen im Laden gekauft. Ich war höchstens eine Minute drin. Und als ich wieder rauskam, war der Peugeot weg", erzählte ich wahrheitsgetreu.

„Oh fick doch die Kuh, das gibt´s nicht, oder?", ließ mich Antiša auf seine Art und Weise wissen, dass er es schade fand, nur um mich im nächsten Atemzug zu fragen, wie es weiterging.

„Nun ja", fuhr ich fort, „neuer Tag, neues Glück.

Am dritten Tag war ich endlich erfolgreich, denn gerade als ich ungefähr zwanzig Meter vor ihrem Auto war, kam sie aus der anderen Richtung. Ich versuchte, locker zu bleiben und so zu tun, als ob ich zufällig dort sei. Als wir noch etwa fünf Meter voneinander entfernt waren, erkannte sie mich und schenkte mir wieder dieses unwiderstehliche Lächeln, über das ich mich heute noch genauso freue wie damals.

‚Hallo', sagte sie überrascht, ‚so sieht man sich wieder!'

‚Oh hallo', versuchte ich erstaunt zu tun, aber wie mir meine Frau später verriet, wirkte meine Begrüßung ziemlich einstudiert."

„Ja fick doch die Henne, hat sich dein Spazierengehen also gelohnt. Und dann?", wollte Antiša wissen.

„Ich war gerade zufällig in der Gegend. Wohnen Sie hier?', fragte ich sie. Sie lächelte und zeigte mit einer Kopfbewegung in Richtung des Hauses, aus dem sie vor wenigen Sekunden herausgekommen war. „Eigentlich nicht, aber meine Eltern wohnen hier."

Glück gehabt, dachte ich mir und schwieg ein paar Sekunden. Plötzlich war zwischen uns diese unerträgliche Stille, und es war keine dieser magischen Stillen, kurz bevor man sich küsst, sondern eher diese hilflose Stille, die zwangsläufig zum baldigen Abschied führt. So geschah es dann auch, dass Karin nach ein paar Sekunden sagte: ‚Ich muss dann los. Vielen Dank nochmal, dass es mit den

Reifen so gut geklappt hat.‘ Sie ging zur Fahrerseite, steckte den Schlüssel ins Schloss und gerade, als sie einsteigen und wegfahren wollte, platzte es aus mir heraus:

‚Trinken Sie Kaffee?‘

Karin war sichtlich verblüfft. Schnell fügte ich hinzu:

‚Mit mir?‘

Dieser Zusatz zauberte wieder ein Lächeln auf ihre Lippen. Sie griff in ihre Tasche, holte einen Stift heraus, ging um den Wagen herum, kam zu mir, nahm meine Hand und kritzelte ihre Telefonnummer darauf.

‚Ruf mich morgen an‘, sagte sie, lächelte, stieg ein und fuhr weg. Als sie um die Ecke gebogen war, stieß ich einen Freudenschrei aus, wie man ihn sonst nur aus amerikanischen Filmen kennt.“

„Ach, einen verfickten amerikanischen Scheiß hast du herausgestoßen“, sagte Antiša und lachte laut. Dann prostete er mir zu und drängte mich, zu erzählen, wie es weiterging.

„Erstaunlicherweise schlief ich in jener Nacht sehr gut und in der Mittagspause rief ich sie an. Wir verabredeten uns auf acht Uhr abends und dann sind wir weggegangen“, sagte ich.

„Wohin?“, fragte Antiša.

„Oh Mann Antiša, du musst echt noch viel über Frauen lernen.“

„Was fehlt mir denn so?“, schoss er zurück. „Ich bin mein eigener Herr und höre nur auf meinen besten kleinen Freund.“ Dabei zeigte er auf seinen Hosenlatz. „Wenn er sich meldet, dann ist alles in Ordnung. Meldet er sich nicht, geht auch nichts. Cousin, ich bewundere dich wirklich für deine Geduld. Ich hätte die nicht. Entweder es geht sofort was oder die Alte kann gehen. Aber du warst schon immer anders. So kackgeduldig. Dich hat immer jeder verfickte Scheiß interessiert. Das war schon in der Schule so. Weißt du was, Cousin?

Ich freue mich für dich und deine …, wie heißt sie nochmal?", wollte er wissen.

„Karin", antwortete ich.

„Ja, klar, Karin! Sicher nicht Ruža, wie meine Mutter", lachte er und fuhr dann fort: „Du bist der einzige Bosnier, den ich kenne, der nach Deutschland gegangen ist und auch in Deutschland angekommen ist. Solche wie ich sind nur aus Großbosnien nach Kleinbosnien gegangen. Es freut mich, dass es wenigstens einer von uns geschafft hat."

„Die Tatsache, dass ich die Sprache gelernt habe, hat mir viel geholfen", gab ich zu bedenken.

„Ja klar", fuhr er fort, „aber wo soll ich Deutsch lernen? Auf der Baustelle? Wo nur Landsleute und andere Ausländer sind? Aus Büchern, so wie du es gemacht hast, das ist nichts für mich. Ich benutze Bücher nur dazu, um den Grill anzuzünden."

„Aber versuch´s doch mal. Du hast nichts zu verlieren. Mit der Sprache ist es wie mit den Frauen: Versuchen kostet nichts", drängte ich ihn.

„Cousin, ich freue mich für dich. Aber jetzt hör mir mal zu", sagte er.

„Erstens: Du brauchst mich nicht aufbauen. Mir geht´s schon gut so, wie es ist. *Ajm olrajt*", sagte Antiša so amerikanisch er nur konnte und trat damit den Beweis an, dass der Amerikanisierungswahnsinn der Siebziger immer noch lebte.

„Und zweitens: Antiša ist kein Idiot", sagte er.

Ich liebe es, wenn er von sich in der dritten Person redet!

„Antiša weiß, wie die Welt tickt. Du wirst jetzt vielen Landsleuten nicht passen, weil du so deutsch geworden bist. Und jetzt auch noch mit deiner … wie war nochmal der Name?", fragte er nach.

„Karin", erwiderte ich geduldig.

„Ja, ja, richtig, Karin. Also, wie gesagt, viele unserer Leute werden dir das sicher übel nehmen, aber lass dir eines gesagt sein: Fick die Leute. Wenn du glücklich bist, und so blöd, wie du gerade grinst, musst du sehr glücklich sein, dann ist das das Einzige, was zählt. Alles andere ist fürn Arsch. Also versprich mir, dass du so weitermachst. Und dich nicht dem verfickten Geschwätz der Leute beugst. Dann kenne ich wenigstens einen, der es geschafft hat. Wenn es doch nur mehr wie dich gäbe, du verfickter Hund, dann würden die Deutschen auch uns mit anderen Augen ansehen."

Ich erinnere mich noch genau, dass ich ihm an dem Abend noch ein paar Geschichten von Karin erzählt habe und dass wir viel Bier getrunken haben. Und auch wenn wir unterschiedlicher nicht sein könnten, glaube ich, dass Antiša seinen Platz im Leben inzwischen gefunden hat. Ich freue mich, den Hund in den nächsten Tagen zu sehen. Er ist schon vor Weihnachten nach Livno gefahren.

Ich bin gerade an einem Schild vorbeigekommen, das zeigte, dass es noch 110 Kilometer bis München sind. Und während ich so vor mich hin fahre und mich an die ersten Tage der Beziehung zwischen mir und meiner Frau erinnere, muss ich wieder an meine Eltern und ihre Anfänge als Paar denken. In besonders guter Erinnerung ist mir die Geschichte vom Škodillac geblieben.

Meine Eltern waren schon einige Monate ein Paar und offensichtlich sehr glücklich miteinander. Dann ging mein Vater für einige Zeit nach Deutschland. Der Grund dafür war, dass er in Bosnien keine Arbeit fand, aber wie jeder junge Mann unbedingt ein Auto haben wollte. Also ging er nach Deutschland, arbeitete einige Monate auf dem Bau und blieb so lange, bis er sich zwei Dinge leisten konnte: einen Fiat 1600, seinen absoluten Traumwagen, und eine Gitarre.

Als er wieder aus Deutschland kam, hatte er jedoch nur eine Gitarre dabei. Den Fiat sollte er nie besitzen. Der Grund dafür war mein Großvater.

Ich kann mich an meinen Großvater kaum erinnern. Die Leute erzählen, er sei einer von der alten Garde gewesen. Aber da ich diese Garde nicht kenne, kann ich damit bis heute nichts anfangen. Für ihn zählte nur, was man im Leben an Reichtum angehäuft hat. Selbst aufgewachsen in bitterster Armut, wollte er nur das Beste für seine Kinder. Aber der Himmel, unter dem er und alle anderen lebten, seine patriarchische Ader und die Sorge vor dem, was die Leute sagen könnten, zwangen ihn dazu, streng durchzugreifen. Einmal sagte ein Landsmann von mir, dass man in Bosnien nichts zu sagen hat, solange in der Familie jemand lebt, der älter ist als man selbst. Das beschreibt das Verhältnis zwischen meinem Großvater und meinem Vater treffender, als es irgendein anderer Satz könnte.

Der Fiat 1600 war nur ein Vorwand, warum mein Vater Anfang der Siebziger für knapp ein Jahr nach Deutschland ging. Der eigentliche Grund war, dass er weg musste.

Weg von der erdrückenden Fürsorge meines Großvaters. Weg von dem ewigen „Was sollen denn die Leute sagen" und „Ein junger Mann in deinem Alter". Und am allermeisten weg von „Ich in deinem Alter habe schon dieses und jenes geschafft".

Als er es nicht mehr aushalten konnte, ging er einfach weg.

Er landete wohl in irgendwelchen Arbeiterbaracken, in denen er und seine Kollegen zu viert schliefen, kochten und lebten. Auf sechs Quadratmetern.

Von seinem ersten Lohn kaufte er sich eine Gitarre. Nicht weil er damit Frauen beeindrucken wollte oder Gitarre spielen gerade Mode war: Er kaufte sie, weil ihm die Musik die Möglichkeit bot, das triste Leben in der Arbeiterbaracke zu vergessen. Ein paar andere Männer aus Livno, die anfangs der Siebziger mit meinem Vater in Deutschland waren, erzählen heute noch, dass er sehr gut spielte. Doch ich hatte nie das Vergnügen, ihn musizieren zu hören. Das liegt hauptsächlich daran, dass er mit dem Spielen aufgehört hat, als er nach seinem Jahr in Deutschland nach Livno zurückkehrte.

Anfang der Siebziger konnte man sich auch als normaler Arbeiter nach einem Jahr problemlos einen Neuwagen leisten. Besser gesagt, man konnte das Geld dafür sparen. Genau deswegen war ja mein Vater nach Deutschland gegangen.

Geworden aber sind es dann ein LKW-Führerschein und ein gebrauchter Kleinwagen.

„Sohn, ein richtiger Mann klimpert nicht auf so einem Tamburin herum. Er hat eine richtige Arbeit, bei der er genug Geld verdient, um seine Frau und seine Kinder zu ernähren", sagte mein Großvater immer und immer wieder.

Immer und immer wieder.

So lange, bis mein Vater die Gitarre verkaufte, dem Wunsch meines Großvaters nachgab, das in Deutschland sauer verdiente Geld zum größten Teil für einen LKW-Führerschein ausgab und bei der Straßenwacht in Livno anheuerte.

Von dem Geld, das noch übriggeblieben war, kaufte er sich einen Škoda. Modell 100L. In blau.

Wie alles und jeder in Bosnien sollte auch dieses Auto einen Spitznamen bekommen.

Als er damit das erste Mal meine Mutter abholte, begutachtete mein Onkel mütterlicherseits das Auto sehr genau. Ganz im Sinne des Amerikanisierungswahns und inspiriert von der amerikanischen Automarke Cadillac taufte er den Škoda auf den Namen Škodillac.

Und dieser Name blieb bis heute. Der Škodillac spielt auch die Hauptrolle in einer besonders lustigen Geschichte, die sich zu Beginn der Beziehung meiner Eltern abgespielt hat.

In dem Städtchen Kupres gab es im Sommer alljährlich ein großes Fest, zu dem meine Mutter und mein Vater gehen wollten. Da nun mein Vater einen Wagen besaß, überredete meine Mutter ihn, noch ein paar ihrer Freudinnen mitzunehmen.

Er sagte zu und das Ende der Geschichte war, dass mein Vater, meine Mutter und sage und schreibe fünf ihrer Freudinnen im Škodillac Platz nahmen und sich auf den Weg nach Kupres machten. Mein Vater fuhr, auf dem Beifahrersitz saßen meine Mutter und ihre beste Freundin Iva, auf die Rückbank hatten sich die vier anderen gequetscht.

Der Škodillac gab sein Bestes. Mein Vater versuchte, das lautstarke Geschnatter der Frauen zu ertragen.

Sie redeten alle durcheinander, alle sehr laut, wollten die Musik erst lauter, dann wieder leiser und dann ganz anders haben, sie kurbelten die Fenster rauf und runter und drehten an jedem einzelnen Regler im Škodillac.

Mein Vater sah sich dieses rege Treiben eine ganze Weile geduldig an und nutzte dann bei einer kleinen Steigung sein ganzes fahrerisches Können, um zu simulieren, dass der Škodillac seinen Geist aufgegeben hätte. Er drückte ein paar Mal auf das Gaspedal und ließ es wieder los, sodass der Wagen vor und zurück sprang. Schließlich würgte er den Motor ab und der Škodillac blieb mitten am Berg stehen.

Was denn los sei, wollten sie alle auf einmal von ihm wissen.

„Schlechter Sprit. Verdünnt mit Wasser. Und jetzt hat der Motor Wasser gesaugt und ist deswegen ausgegangen“, antwortete mein Vater ernst und dankte gleichzeitig dem lieben Gott dafür, dass er der Einzige war, der wusste, dass dies eine Lüge war.

Was sie denn nun machen sollten, fragten die Mädchen.

„Man muss den Wagen anschieben. Dann springt er sicher wieder an“, log mein Vater erneut und die Reaktionen auf den Gesichtern der Frauen zeigten ihm, dass er mit seinem Plan durchkommen würde.

„Ich würde ihn ja gerne selbst anschieben, aber leider habt ihr alle keinen Führerschein und könnt den Wagen nicht fahren. Also, so leid es mir tut, aber ich muss euch bitten, den Wagen anzuschieben. Am besten alle zusammen, dann ist es leichter“, sagte er in ernstem Ton.

Dieses Bild hätte ich zu gerne gesehen: sechs Frauen, die einen Kerl in einem völlig intakten Auto den Berg hochschieben.

Mein Vater ließ die Mädchen einige hundert Meter weit Schwerstarbeit leisten. Als er das Gefühl hatte, dass sie richtig erschöpft waren, drehte er den Zündschlüssel einfach um und der Škodillac sprang an wie eine Eins.

Als meine Mutter und ihre Freundinnen wieder einstiegen, hatten sie alle ganz rote Wangen, so rot wie reife Äpfel.

Bis nach Kupres habe er kein Wort mehr von ihnen gehört, erzählte mein Vater. Aber abgesehen von solchen Aktionen, die eher Seltenheitswert hatten, war mein Vater die meiste Zeit eine ehrliche, zuverlässige und liebenswerte Seele, und so wunderte es niemanden, dass meine Mutter Ja sagte, als er ihr wenige Monate später einen Antrag machte.

Die Hochzeit meiner Eltern war wie alle zu jener Zeit stattfindenden Hochzeiten von den Eltern mütterlicher- und väterlicherseits geplant. Es gab ganz klare Regeln und Vorgaben, wie so eine Hochzeit abzulaufen hat.

Obwohl meine Mutter und mein Vater erwachsene Menschen waren, hatten sie dabei wenig zu sagen. Mein Vater ging mit seinem Bruder und seinem Vater zur Familie meiner Mutter. Das Sprechen übernahm mein Großvater. Auf der Seite meiner Mutter war es ebenfalls ihr Vater, der sprach, vereinbarte und genehmigte. Nachdem sich also meine beiden Großväter mehrere Stunden lang zum prächtigen Sohn und zur ebenso prächtigen Tochter beglückwünscht hatten und dabei Unmengen von *šljiva*, dem bosnischen Pflaumenschnaps, in sich hineingekippt hatten, waren meine Eltern verlobt.

Mein Vater trank zu der Zeit wenig bis gar nichts, wurde aber bei seiner eigenen Verlobung von seinem Vater so abgefüllt, dass er sich schon im Garten vor dem Geburtshaus meiner Mutter übergeben musste.

Anstatt Einsicht und Verständnis für ihn zu haben, entschuldigte sich mein Großvater beim Vater meiner Mutter dafür, dass sein Sohn noch nicht so viel vertrug. Der Vater meiner Mutter winkte nur ab. Schnell waren sich die beiden Männer einig, dass meine Mutter und mein Vater ja noch Kinder seien und sie beide am besten wüssten, was für sie gut und richtig sei.

Die Verlobung war nicht von langer Dauer, denn die Hochzeit fand nur wenige Wochen später statt. Mein Großvater väterlicherseits verschuldete sich bei jedem, den er kannte, und mein Großvater mütterlicherseits verkaufte seine beste Kuh und bezahlte davon seinen Teil der Hochzeit.

Gefeiert wurde zunächst im Geburtshaus meines Vaters, wo die geladenen Gäste *sir* und *pršut*, Käse und geräucherten Schinken, aßen und *graševina*, einen beliebten Riesling, tranken, bis sie kaum noch auf ihren Beinen stehen konnten.

Die Hochzeitsgesellschaft bestand zum größten Teil aus älteren Männern, von denen einige sogar ihre Frauen dabei hatten, die von meinen beiden Großvätern eingeladen worden waren.

Nicht einmal die Trauzeugen konnte sich das Brautpaar selbst aussuchen. Auch hierfür hatten die Väter gesorgt.

Nachdem sich also die Hochzeitsgäste im Haus des Bräutigams angetrunken hatten, gingen sie weiter zum Haus der Braut, wo sie die ebenfalls bereits angetrunkene Verwandtschaft meiner Mutter abholten, um mit wehenden, damals verbotenen kroatischen Fahnen und nass vom Weihwasser, das meine Großmutter am Gartentor über sie gespritzt hatte, in die Kirche zu gehen und sich dort vom Priester den Segen des Allmächtigen geben zu lassen.

Während also meine Eltern einander vor dem Altar schworen, in guten und schlechten Tagen gemeinsam durchs Leben gehen zu wollen, nüchterten sich die meisten Hochzeitsgäste wieder aus und konnten es kaum erwarten, zum alten Heim des Bräutigams und neuen Heim der Braut zu kommen, um wieder *sir* und *pršut* sowie *graševina* und später am Abend auch *sarma*, die bosnischen Krautwickel, zu sich zu nehmen und dem Ziehharmonikaspieler viele Scheine in den Blasebalg zu stecken, damit er ihnen ein Lied, wie sie sagten, „für ihre Seelen und nach ihrem Gusto“ spielte.

Noch vor Mitternacht war die Hochzeit schließlich beendet, und schon am nächsten Morgen musste meine Mutter in aller Frühe aufstehen und die Kühe im Stall melken. Das erwartete man von ihr als Schwiegertochter und dem beugte sie sich.

Wenn ich ehrlich bin, wundert mich das heute noch.

Meine Mutter war die Jüngste in ihrer Familie und hatte drei Schwestern und vier Brüder. Eine Schwester und ein Bruder waren schon bei der Geburt gestorben, und von den anderen lebt nur noch mein Onkel Stipe. Ihre anderen Geschwister sind mittlerweile alle tot.

Die Leute erzählen von ihr, dass sie schon immer ihren eigenen Kopf hatte. Zugegeben, ich habe das gerade etwas geschönt. Vielmehr erzählen sie, sie sei stur gewesen, aber auch sehr entschlossen. Wenn sie sich erst einmal etwas in den Kopf gesetzt hatte, konnte sie nichts und niemand mehr aufhalten.

Sie war bekannt als das Mädchen, das vor den Kühen herlief, und hatte den Beinamen Pilzmädchen.

In den Sechzigern und Siebzigern und noch teilweise in den Achtzigern hatte jede Familie in meinem Heimatdorf mindestens eine Kuh, die man zur Selbstversorgung hielt. Diese Kühe wurden jeden Morgen abwechselnd von den Kindern aus dem Dorf auf eine große Weide getrieben. In unserem Dorf hieß diese große Weidewiese *luka*, was so viel wie „Hafen“ bedeutet. Bis heute kann mir niemand sagen, warum diese Wiese so hieß, und die Besitzverhältnisse waren verworren. Die ganz Alten erzählten, dass die *luka* ursprünglich aus vier Parzellen bestand.

Die eine gehörte einem Mann, der vor vielen Jahren nach Dalmatien ausgewandert ist und sich dort ein Haus am Meer gebaut hat. Zwei Parzellen gehörten zwei Brüdern, die im Zweiten Weltkrieg umgekommen sind. Und die letzte Parzelle gehörte einem Mann, der in der Stadt lebte und sich für das Land herzlich wenig interessierte.

Wem auch immer: Rechtlich gehörten sie nicht dem Dorf. Doch auch wenn jeder vor seinem Haus eine große Wiese hatte, auf der er seine Kuh hätte grasen lassen können, trieben alle ihre Kühe lieber auf die *luka*, damit sie dort fremdes Eigentum fraßen.

So ist das eben in Bosnien: Entweder du verteidigst dein Eigentum oder es wird zum Eigentum aller erklärt, und dann hast du keinen Anspruch mehr auf das, was dir eigentlich gehört.

Während alle anderen Kinder quasi dazu gezwungen werden mussten, hinter den Kühen herzugehen und darauf zu achten, dass sie beim Überqueren der Straße nicht von einem vorbeirasenden Auto erfasst wurden, lief meine Mutter freiwillig vor der Herde her, die in den besten Zeiten bis zu fünfzig Rinder umfasste. Sie tat es nicht, um sie vor den Autos oder sonstigen Gefahren zu schützen, sondern um als Erste auf die *luka* zu kommen.

Besonders im Frühling und Sommer gab es auf der *luka* etwas, was die Rindvieher auf keinen Fall zertrampeln durften: taufrische und wohlschmeckende Champignons, die über Nacht gewachsen waren und die meine Mutter sofort erntete und ungewaschen aß. Näherte sich eine Kuh den dunkelgrünen Stellen in der Wiese, wo die Champignons wuchsen, verscheuchte meine Mutter sie und ließ sich die kleinen Champignons auf der Zunge zergehen.

Ich habe ihr diese Geschichte von den dunkelgrünen Stellen auf der Wiese nicht geglaubt, bis ich mich selbst von ihrer Existenz überzeugt hatte. Was auch immer dafür verantwortlich war, sei es der in der Nähe fließende Fluss oder die immer fleißigen Maulwürfe: Es gab sie wirklich. Dunkelgrüne Ringe, auf denen das Gras anders gefärbt war als außerhalb des Kreises, in denen Champignons wuchsen.

Aber abgesehen von den Champignons hatte das Pilzmädchen noch einige andere Eigenheiten.

So liebte sie es, und daran hat sich bis heute nichts geändert, die Rinde an einem Laib Brot zu essen. Das weiche Brotinnere interessierte sie nie: Sie wollte immer nur die knusprige Rinde essen. Aus diesem Grund schloss ihre Großmutter das Brot immer in der Speisekammer ein, die jedes Haus in Bosnien hatte und viele immer noch haben. Aber meine Mutter hinderte dies nicht daran, doch an die Kruste zu kommen.

So erzählt man sich heute noch die Geschichte, wie sie als kleines Mädchen stundenlang gespaltenes Holz unter dem Fenster der Speisekammer gestapelt hat, bis sie schließlich von außen in die Speisekammer klettern konnte. Dort habe sie die ganze Brotrinde alleine gegessen und sei dann wieder durch das Fenster hinausgeklettert.

Als am Abend die Familie zum Abendbrot zusammengekommen war und mein Großvater das Gebet gesprochen hatte, ging meine Großmutter in die Speisekammer und kam mit dem in ein weißes Leinentuch eingewickelten Laib Brot zurück.

Sie legte es mitten auf den Tisch und als sie es aufgedeckt hatte, sahen alle, dass die Brotrinde weg war. Der ganzen Familie war sofort klar, dass dies nur eine gewesen sein konnte, und als mein Großvater meine Mutter dafür bestrafen wollte, nahm meine Großmutter sie in Schutz.

Ihre rebellische Art bestimmte ihre ganze Jugend, und umso seltsamer ist es für mich, dass sie sich als verheiratete Frau den Konventionen beugte. Bereits vom ersten Tag im Haus meines Vaters an, in dem selbstverständlich mein Großvater das Sagen hatte, tat sie nur noch und ausschließlich das, was von ihr erwartet wurde.

Sie stand in aller Herrgottsfrühe auf, um die Kühe zu melken. Sie wusch draußen bei Eiseskälte am Brunnen die schmutzige Wäsche - nicht nur ihre eigene, sondern die ihrer gesamten neuen Familie. Sie arbeitete auf dem Feld und nahm alles so hin, wie es an sie herangetragen wurde. Die Abende verbrachte sie nun in der Gesellschaft alter Frauen anstatt mit Gleichaltrigen. Und das alles nur, weil sie nun verheiratet war.

Ich habe das immer als seltsam empfunden, wenn Menschen durch die Heirat über Nacht gefühlt 20 Jahre älter oder, wie sie es gerne selbst sahen, reifer wurden.

Als ich sie vor einiger Zeit darauf ansprach, antwortete sie, dass sie es nicht besser wusste. Sie tat das, was von ihr erwartet wurde, und sie tat es so, wie man das schon immer getan hat.

Den Weg des geringsten Widerstandes nennt man sowas wohl. Und der machte im Laufe der Jahre eine andere Frau aus ihr. Sie hatte vor lauter Pflichterfüllung völlig vergessen, welcher Freigeist sie selbst einst gewesen war, sah sich aber stets im Recht. Dabei lag sie leider Gottes in vielen Punkten völlig falsch, und davon kann ich ein Lied singen.

München liegt hinter mir.

Der Wagen läuft quasi von alleine. Ich verspüre weder Müdigkeit noch das Gefühl, zu schnell oder zu langsam unterwegs zu sein. Ich wünsche mir, dass der Rest der Reise genauso problemlos verläuft. Runter von der A99 und zurück auf der A8, pendle ich mich wieder bei ungefähr 130km/h ein und denke an die Zeit zurück, als ich wegen meiner Frau mit meiner Mutter brach.

Ich hatte das seltene Glück, das nicht vielen Menschen widerfährt, das ich aber allen Menschen auf der Welt wünsche: Ich war einem Menschen begegnet, mit dem ich mich blind verstand und der mich zu einem besseren Menschen machen sollte.

Dieser Mensch glaubte und glaubt an mich, auch wenn ich es selbst nicht tue. Er ist für mich da, wenn es kein anderer ist. Er ist in meinen Gedanken und in meinem Herzen. Dieser Mensch ist meine Verpflichtung und meine Belohnung. Dieser Mensch ist das Beste, was mir passiert ist, und das Wertvollste, was ich habe.

Viele Menschen suchen ein Leben lang krampfhaft nach dem Sinn des Lebens. Ich habe ihn nie gesucht, aber ich habe ihn trotzdem gefunden. In diesem Menschen.

Ich bin froh, dass das Leben mich zu Karin geführt hat.

Als echter Bosnier rede ich nicht häufig darüber, aber ich weiß, dass sie weiß, dass sie und unser Sohn für mich alles sind. Sie sind die beiden wichtigsten Menschen in meinem Leben. Und wenn es eines Tages drei werden sollten, habe ich auch nichts dagegen.

Meine Mutter war jedoch völlig gegen meine Beziehung zu Karin. Nicht mal im Traum ahnte ich, dass sich die Worte meines Cousins Antiša so schnell bewahrheiten würden. Ich brauchte keine deplatzierten Kommentare aus der bosnischen Gesellschaft oder aus meinem Bekanntenkreis zu fürchten: Ich hatte sie in meiner eigenen Familie.

Als ich meinen Eltern mitteilte, dass ich eine Deutsche liebe und mit ihr auch noch lebe, brach besonders für meine Mutter eine Welt zusammen.

Ich hätte mir gewünscht, dass sie mir all das vorhielt, worüber sie sich mit den Dorftratschtanten austauschte. Warum nur eine von denen? Die kennt nicht unsere Traditionen. Sie kennt nicht unseren Glauben. Unsere Sprache. Unser Land. Unsere Geschichte. Unsere Familie. Sie kann gar nicht die Richtige für dich sein. Sie will dich nur benutzen. Sie wird dich verlassen, sobald einer von den ihren kommt und ihr den Hof macht.

All das von meiner Mutter zu hören oder vorgehalten zu bekommen, habe ich mir gewünscht. Aber nichts davon passierte.

Im Gegenteil: Meine Mutter tat einfach so, als ob es Karin nicht gäbe.

Wenn ich sie aus Deutschland anrief, unterhielt sie sich mit mir über alles. Über das Wetter. Über meine Arbeit. Über den neuesten Klatsch und Tratsch. Aber niemals über Karin.

Wagte ich es dann doch, nachzufragen, ob es sie nicht interessiere, wie es Karin ging, dann schwieg sie. Sie schwieg so lange, bis ich nicht weiter nachbohrte. Und dann sprudelte es aus ihr heraus wie aus einer Quelle des Bösen.

Eine Schlampe.

Eine deutsche Schlampe sei sie. Eine Ungläubige. Wahrscheinlich auch eine Unfruchtbare. Eine, die mich verführt habe und die mich ins Verderben stürzen werde.

Dabei hatte sie nie auch nur ein Wort mit ihr gewechselt.

Ich konnte mir ihre Haltung nicht erklären und wollte sie auch nicht akzeptieren. Ich wollte nicht dass meine Mutter so über meine heutige Frau denkt und redet, aber ich hatte weder die Gelegenheit noch die Fähigkeit, sie vom Gegenteil zu überzeugen.

Ich komme aus Bosnien, und da weißt du, wann du im Recht und wann du im Unrecht bist. Und ich war beides.

Ich wusste, dass es richtig war, zu meiner Frau zu halten, aber ich wusste auch, dass es falsch war, nichts gegen die Anfeindungen meiner Mutter zu unternehmen.

Also tat ich das, was vermutlich die meisten Menschen in einer vergleichbaren Situation tun: Ich wartete ab und hoffte, dass sich die Dinge von alleine klären würden.

Ich wartete auf den einen magischen Augenblick, der allen den Weg zeigen würde, den es sich zu gehen lohnt. Doch er kam nicht. Jahrelang kam da nichts.

Ganz im Gegenteil: Mit den Jahren wurde alles immer nur noch verlogener. Ich liebte meine Frau und war für jede Sekunde, die ich mit ihr verbringen durfte, dankbar und ich brachte meiner Mutter trotz allem den Respekt entgegen, den ein Sohn seiner Mutter entgegenbringen sollte.

Die Situation nahm mit der Zeit immer sonderbarere Formen an. Meine Mutter sprach kein Wort über Karin, dafür sprach sie aber sehr viel über irgendwelche Dorfschönheiten, die ich nicht kannte und die anscheinend alle nur darauf warteten, dass der tolle Niko aus Deutschland kam und sie zu seiner Frau machte.

Meine Mutter ließ kein gutes Haar an Deutschland, den Deutschen oder überhaupt irgendetwas Deutschem, aber sie freute sich sehr wohl über jede Deutschmark und später jeden Euro, den ihr Sohn in Deutschland verdiente.

Ich brauchte Jahre, um zu verstehen, dass meine Mutter nichts gegen mich hatte, sondern gegen all das, was an mir deutsch geworden war. Und das war eine ganze Menge.

Mein Vater hielt sich all die Jahre zurück. Schüchtern wie eh und je, war er in der Zeit, als ich mit Karin zusammenkam, oft viel zu betrunken, um sich irgendwie dazu zu äußern.

Nach dem Tod meiner Großeltern erbte er das alte Haus, in dem er und sein Bruder aufgewachsen waren.

Die *stara kuća*, wie wir es heute noch nennen.

Mein Onkel Tomislav diente in der Zagreber Kaserne der jugoslawischen Volksarmee und lernte in der Hauptstadt aller Kroaten auch meine Tante Veselka kennen. Nach dem Wehrdienst blieb er in Zagreb und lebt dort in der Dubrava, einem Vorort. Von einer Rückkehr nach Livno war relativ schnell keine Rede mehr, also übernahm mein Vater das alte Haus seiner Eltern und verbrachte dort viel Zeit.

In bester Gesellschaft mit alten Erinnerungen, schmerzhaften Erfahrungen und einer Menge Schnaps.

Ich weiß gar nicht, wann er genau mit dem Trinken angefangen hat.

Als kleines Kind hatte ich kein Auge dafür. Mir war zwar schon aufgefallen, dass er ab und zu mal sehr langsam sprach und es ihm schwerfiel, das Gleichgewicht zu halten, aber damals fand ich das lustig.

Allerdings konnte ich mit zunehmendem Alter meine Augen nicht mehr vor dem Offensichtlichen verschließen. Aber was sollte ich machen? Er war mein Vater, er war zu mir immer gut und er war einer dieser stillen Trinker, die keinem etwas zuleide tun.

Der Alkohol machte ihn nicht aggressiv, eher lethargisch. Wenn er getrunken hatte, war er in seiner eigenen Welt, zu der niemand anderes Zutritt hatte.

Aber für mich war er ein guter Vater.

Wenn ich Interesse an etwas zeigte, wovon er Ahnung hatte, und er nüchtern war, dann ließ er mich an seinem gesamten Wissen zu diesem Thema mit größtem Enthusiasmus und der ganzen Liebe, die ein Vater aufbringen kann, teilhaben.

Dass ich damals in der Werkstatt so schnell und problemlos die Reifen wechseln konnte und mir damit die Tür für meine eigene Zukunft geöffnet habe, das habe ich ihm zu verdanken. Man sagt mir nach, dass ich ein solides Allgemeinverständnis über Autos habe, und auch das habe ich meinem Vater zu verdanken.

Nachdem ich nun selbst Vater geworden bin, versuche ich, ihn besser zu verstehen. Aber verstehen ist wahrscheinlich das falsche Wort, denn man kann es nicht verstehen, wenn sich jemand so um sein Leben, um seine Chancen und um seine Verantwortung trinkt.

Aber was sind schon Chancen? Ist das nicht nur ein Wort, das wir benutzen, wenn wir sagen wollen, dass wir es verpasst haben, etwas richtig zu machen? Manchmal kommt es mir so vor.

Es liegt wohl in der Natur des Menschen, das Schlechte zu vergessen und sich an das Gute, an das Hoffnungsvolle zu klammern. Wenn dies stimmt, bin ich Mensch pur. Dass ich all die Tage und Stunden, in denen er nicht da war, obwohl er da sein sollte, vergessen habe oder zu vergessen versuche, bedeutet nicht, dass ich ein Idiot bin.

Ich bin einfach nur jemand, der es besser machen will.

Und mit dem Finger auf jemanden zu zeigen, ihn zu beschimpfen, zu erniedrigen oder selbst nur ihn belehren zu wollen: Das ist einfach. Das ist menschlich.

Aber ich möchte, auch wenn sich das jetzt überheblich oder blasphemisch anhört, göttlich sein.

Ich habe nicht viel Ahnung von Gott.

Ich habe, getreu dem Glauben, in dem ich aufgewachsen bin, auch kein Bild von ihm im Kopf.

Ich glaube jedoch, dass Gott um einiges schlauer ist, als es sich unser menschliches Gehirn jemals auszumalen vermag. Also habe ich nie versucht, mich mit ihm zu messen.

Ich sage nicht, dass man sich blind und taub stellen soll, bloß um ja keiner Versuchung zu verfallen. Ganz im Gegenteil: Ich laufe durch mein Leben und meine Augen sind weit offen und meine Ohren stets am Lauschen. Ich will alles sehen und alles hören, um selbst zu entscheiden, was davon für mich gut ist.

Für mich ist es besser, wenn ich meinem Vater seine Fehler verzeihe. Daran habe ich damals geglaubt und spätestens seit jenem Winter habe ich sogar einen Beweis dafür.

Doch leider besteht diese Welt nicht nur aus Söhnen, die verzeihen möchten, können oder müssen.

Sie besteht auch aus langjährigen Kollegen, aus flüchtigen Bekanntschaften, aus lästigen Verwandten, aus direkten Nachbarn, aus unmittelbaren Vorgesetzten und im Falle meines Vaters aus einer Ehefrau und einem zweiten Sohn. Und jeder von ihnen blickte anders auf meinen Vater, wenn er kaum stehen konnte, wenn er Schlangenlinien fuhr oder einfach zu betrunken war, um auch nur auf die Frage nach seinem Befinden zu antworten.

Zum ersten Mal wurde seine Trunksucht zum Problem, als er Ende der Achtziger einen Unfall verursachte.

Das eigentliche Problem war nicht der Unfall, denn dabei wurde niemand verletzt. Das Problem war vielmehr die Tatsache, dass mein Vater so betrunken war, dass man das schlecht vertuschen konnte.

Der Polizist, der die Unfallaufnahme machte, konnte selbst beim besten Willen nicht darüber hinwegsehen, dass mein Vater förmlich aus der Fahrerkabine fiel. Und trotz allem Respekt, den ein Fahrer bei der Straßenwacht hat, konnte dieser junge Polizist nicht unter den Teppich kehren, dass etwas hätte passieren können. Das Ende der Geschichte: Mein Vater wurde angeklagt und ihm wurde der Führerschein entzogen.

Über irgendwelche Beziehungen bei der damaligen Polizei hat er seinen Führerschein dann zwar doch nicht abgeben müssen, aber plötzlich schuldete er jemandem etwas. Und auch wenn dieser Kontakt nie eine Gegenleistung für seinen sogenannten Dienst verlangte, fühlte sich mein Vater nicht wohl bei der ganzen Sache.

Plötzlich merkten auch die anderen Fahrer der Straßenwacht, dass sie nicht unantastbar waren.

Aber kaum war Gras über die Sache gewachsen, machten sie alle weiter wie gehabt. Inklusive meinem Vater.

Sie lachten und soffen weiter, als ob es kein Morgen gäbe. Auch wenn der eine oder andere jetzt denken könnte, dass die Fahrer der Straßenwacht von Livno unverantwortlich handelten, dann muss ich ihn enttäuschen. Denn Schnaps und Humor gehören in Bosnien zum Alltag.

Gegen körperliche Beschwerden nimmt man in Bosnien natürlich auch Medikamente, aber wenn die gerade nicht zur Hand sind, dann tut es auch der Schnaps. Tut dir ein Zahn weh? Spül ihn mit Schnaps aus. Bist du erkältet? Reib deine Brust vor dem Schlafengehen mit Schnaps ein. Hast du dich am Bein angeschlagen? Reibe die Stelle mit Schnaps ein.

Gegen seelische Beschwerden gibt es in Bosnien nur eines: Humor. Egal, was dich bedrückt, wer gestorben ist, zum wievielten Male du deinen Job verloren hast oder wie hoch auch immer deine Lieblingsmannschaft verloren hat: Geh unter Leute und lache mit ihnen.

Also konsumierten mein Vater und seine Kollegen nur die Allheilmittel, die in Bosnien jedermann bekannt und die überall verbreitet sind. Leider konsumierten sie sehr viel davon, besonders vom Schnaps.

Aber so schlecht dies auch war: Es gab auch die eine oder andere Alkoholgeschichte, die wirklich lustig war.

Die schönste und gleichzeitig eine der lustigsten dieser Geschichten ist die mit dem jungen Direktor Puhovski.

Puhovski, ein junger, hochmotivierter Kommunist, war von der damals herrschenden Kommunistischen Partei Jugoslawiens zum Direktor der Straßenwacht bestellt worden, um der Alkoholsucht der Fahrer Herr zu werden.

Auch wenn sein Name vermuten lässt, dass er aus Mazedonien kommt, so stammte Puhovski doch von irgendwo aus Nordkroatien und wurde von der Führung aus Belgrad geschickt, um ein paar alte bosnische Hunde in den Griff zu kriegen. Dass dieses Unterfangen von Anfang an zum Scheitern verurteilt war, hätte ihnen jedes Kind sagen können. Aber wenn ihn die Mächtigen aus Belgrad nicht geschickt hätten, hätte Livno eine Geschichte weniger, über die man sich selbst heute noch köstlich amüsiert.

Puhovski hatte sich vorgenommen, alles rigoros und entschlossen anzupacken.

Und das tat er auch.

Vom ersten Tag brachte er einige Regeln wieder zur Geltung, die im Lauf der Jahre unter der Führung seines Vorgängers sehr großzügig ausgelegt worden waren.

Eine davon war, dass die Fahrer jeden Morgen zum Appell erscheinen mussten, damit ihnen der Direktor eine mit Propagandafloskeln gespickte Rede halten konnte, die sie an ihren ungemein wichtigen Beitrag zur Festigung und zum Ausbau der Brüderlichkeit und Einigkeit aller Völker und Entitäten unseres heiß geliebten Jugoslawiens erinnerte.

Die Fahrer der Straßenwacht waren mit allen Wassern gewaschen und zu jeder Schandtat bereit, und sie waren auch allesamt gerissene Hunde, die genau wussten, wie sie mit solchen Dingen fertigwerden sollten.

Als Puhovski am ersten Tag zum Appell rief, kamen sie alle: Mrki, der Grummelige, der seinem Spitznamen alle Ehre machte; Bili, der Weiße, der allerdings pechschwarzes Haar hatte; Bikan, der Hornochse, der diesen Spitznamen nicht wegen seiner Statur, sondern wegen seiner Art trug; Šaraf, die Schraube, dessen Frau nach ihrer Hochzeit den Spitznamen Mutter bekam; Halat, der sich seinen Spitznamen selbst gab, weil er vor jedes Wort, das mit einem A anfing, ein H setzte, auch wenn es falsch war; Johny, der eigentlich Marko hieß und bei dem niemand wusste, warum er so genannt wurde; Maršal, der seinen Namen bekam, weil er ein glühender Verehrer des ehemaligen Staatspräsidenten Tito war, der liebevoll Maršal genannt wurde; Ćošak, die Ecke, der wegen seiner schwachen Blase ständig sagte, dass er kurz „um die Ecke“ müsse; Vajta, der so hieß, weil er das einzige deutsche Wort, das er kannte, auch ständig benutzte und dann natürlich mein Vater, den sie einfach nur Mate nannten.

Wie junge Pioniere standen sie vor der Tür und warteten, dass der zwanzig Jahre jüngere Puhovski aus seinem Büro kam und ihnen erklärte, wie die Welt sich dreht.

Der Arme, wäre er bloß in Nordkroatien geblieben!

Er polterte los. Das dürfe hier so nicht weitergehen. Mit dem Alkohol sei jetzt ein für alle Mal Schluss. Er werde das nicht mehr tolerieren. Es werde rigorose Strafen geben. Niemand werde ungeschoren davonkommen.

Solche und ähnliche Drohungen bildeten das Gerüst seiner ersten Rede, die er mit kommunistischen Parolen und antiimperialistischen Sprüchen garnierte. Und wie jeder gute Redner hob er sich das Beste für den Schluss auf:

„Heute werden euch meine Männer den ganzen Tag begleiten. Meine Männer sind professionelle Detektive und ihnen entgeht nichts. Wenn einer von euch auch nur in die Nähe von Alkohol kommt, werdet ihr alle bestraft", waren die abschließenden Worte seiner ersten Ansprache an die Männer der Straßenwacht.

Mein Vater und seine Kompagnons taten so, als seien sie beeindruckt, lachten sich aber innerlich kaputt über die verlorene Liebesmühe des Jungdirektors.

Selbstverständlich war es naiv von Puhovski, auch nur eine Sekunde daran zu glauben, dass ausgerechnet er diese auf der Straße geschulte Horde wild gewordener Hunde bändigen könne.

Am nächsten Tag war Puhovski die Lachnummer überall in der Gegend.

Die Fabrikarbeiter, die Marktleute, die Angestellten im öffentlichen Dienst, die Belegschaft im Krankenhaus, ja sogar die Kinder in der Schule lachten über Puhovski und die ohnehin schon große Sympathie für die Männer der Straßenwacht wuchs weiter.

Was war passiert?

Nachdem mein Vater und die anderen Fahrer ihre Standpauke ohne Lacher überstanden hatten, ging jeder wieder seiner Arbeit nach.

An jenem Tag waren sie alle zum Bergwerk abkommandiert, wo sie Kohle aufladen und diese zum Sägewerk fahren sollten. Etwas mehr als 30 Kilometer lagen zwischen der Zeche und dem Sägewerk, die sie den ganzen Tag über immer wieder abspulten. Als sie am Abend zur Basis der Straßenwacht zurückkamen, fielen sie buchstäblich einer nach dem anderen aus ihren Fahrerkabinen.

Die Leute erzählen sich heute noch, dass Puhovski seine professionellen Detektive so laut angebrüllt hat, dass man jedes Wort noch in einer Entfernung von hundert Metern genau verstehen konnte.

Wie zum Teufel das möglich sein könne? Sie hätten doch keinen Alkohol in ihren Kabinen und auch sonst nirgendwo an ihren Lastern gehabt! Sie hätten nicht in irgendwelchen Kaschemmen Halt gemacht! Und es habe ihnen auch niemand etwas zugesteckt!

Er schrie und fluchte und die professionellen Detektive, die er angeheuert hatte, wussten auch keine Antwort. Das Lustige daran war: Jeder andere in Livno wusste, wie die Männer an ihren Schnaps gekommen waren.

Livno ist eine sehr wasserreiche Stadt. Gleich drei Flüsse fließen auf dem Stadtgebiet. Neben diesen drei Flüssen gibt es noch eine große Anzahl von Bächen mit ihren Quellen.

Eine dieser Bachquellen liegt genau auf halber Strecke zwischen der Zeche und dem Sägewerk.

Kurz nach dem Appell hatte Mrki seinen Bruder angerufen und ihn gebeten, ihm und den anderen Jungs etwas zu trinken bereitzustellen. Also fuhr Mrkis Bruder zu dieser Quelle, deponierte dort einige Flaschen *šljiva* im eiskalten Quellwasser und die Fahrer hielten dort alle mehrmals an.

Um einen Schluck kaltes, frisches Quellwasser zu trinken und um sich an jenem heißen Sommertag abzukühlen, wie die professionellen Detektive dachten und am Abend auch Puhovski berichteten.

In Wahrheit jedoch nahm jeder von ihnen immer wieder einen großen, kräftigen Schluck eiskalter *šljiva* zu sich. Mit dem Ergebnis, dass keiner von ihnen am Abend mehr stehen konnte.

Puhovski wurde nur wenige Tage nach seinem Dienstantritt versetzt. Irgendwo ans Meer, sagten die einen. Zurück nach Nordkroatien, sagten die anderen. Und dritte waren sich sicher, dass er nach Belgrad zum Rapport musste, von dem er sich nie wieder erholt habe.

Nun, so lustig und unterhaltsam alle anderen diese und all die anderen Geschichten mit meinem Vater und seinen Kollegen in der Hauptrolle auch fanden: Meine Mutter und die Ehefrauen der anderen konnten ihnen nichts abgewinnen. Ich weiß nicht, was die anderen Frauen gemacht haben, aber ich weiß noch genau, was meine Mutter gemacht hat.

Sie schämte sich und versuchte, so gut es ging, die Alkoholsucht meines Vaters zu verheimlichen.

Am Anfang erfand sie noch irgendwelche Geschichten, um den übertriebenen Alkoholkonsum zu rechtfertigen und die bösen Gerüchte einzudämmen. Doch wie es nun mal mit Lügen so ist: Sie haben nicht nur kurze Beine, sondern auch gleich zwei linke davon. Also stolperte meine Mutter von einer Lüge in die nächste hinein.

Mal war es irgendein Fest, an dem er zu tief ins Glas geschaut hatte, und man wird ja wohl noch feiern dürfen! Ein anderes Mal hatte er leider keine andere Chance als mitzutrinken, denn ein anderer Mann war gerade Vater geworden, und es gehört sich doch, dass man mit seinen Freunden anstößt! Dann wiederum war es der Stress bei der Arbeit, und wenn es nicht der Stress war, dann die Umstände, unter denen er und die anderen arbeiten mussten.

Besonders bemitleidenswert wurde das Ganze, als sie anfing zu erzählen oder besser gesagt zu lügen, dass er gar nicht getrunken hätte und dass er mit ihr zusammen gewesen sei und dass diejenigen, die behaupteten, ihn zur gleichen Zeit an einem anderen Ort betrunken gesehen zu haben, Lügner seien.

Wenn du so viel Energie aufbringen musst, um mit einer Lüge die vorangegangene zu decken, dann kannst du irgendwann einfach nicht mehr. Dann geht dir nicht nur die Kraft aus, sondern auch die Motivation, denn tief in ihrem Herzen wollte meine Mutter nur, dass alles gut wird.

Ich glaube, dass die meisten Menschen das wollen. Ich habe noch nie jemanden kennengelernt, der in seinem unmittelbaren Umfeld oder in seiner Familie etwas Schlechtes sehen wollte.

Jeder Mensch will doch, dass es ihm gut geht. Und dir kann es nur gut gehen, wenn es den Menschen, die dir wichtig sind, die du in deinem Herzen trägst und die dich jeden Tag umgeben, auch gut geht.

Geistig und körperlich vom Lügen erschöpft hat es meine Mutter irgendwann aufgegeben, neue Lügen zu erfinden, um meinen Vater zu decken.

Sie nahm es einfach hin.

Widersprach niemandem mehr, wenn er sie auf meinen Vater und seine Trinkerei ansprach. Sie schwieg und hoffte, dass alles wieder gut würde.

Vor ein paar Jahren hat sie mir erzählt, dass sie es zu Beginn selbst auch ziemlich lustig gefunden hatte, wenn mein Vater angetrunken nach Hause kam, laut singend herumtorkelte und sowohl sie als auch uns Kinder mit Küssen überschüttete.

Ein paar Mal kann man das wohl auch lustig finden. Es war ihr zwar peinlich, wenn zufällig irgendwelche anderen Menschen da waren, seien es Verwandte, meine Schulfreunde oder die Schulfreunde meines Bruders oder einfach nur die Nachbarin, die zum

Kaffeetrinken vorbeigekommen war, aber sie fand es noch nicht besorgniserregend.

Irgendwann war das Fass dann wohl übergelaufen.

Sie sehnte sich danach, dass ihr Ehemann ausnahmsweise wieder nüchtern nach Hause kam. Denn bei Eheleuten gibt es immer wieder Themen, die man gemeinsam besprechen und entscheiden müsste, sollte oder einfach will.

Sei es, weil einer von uns Jungs eine schlechte Zensur von der Schule nach Hause gebracht hatte; sei es, wann man das Brennholz für den Winter kauft und wer es spaltet; sei es, wann man die Schweine schlachtet oder wer die Kuh zum Veterinär zum Besamen bringt.

Die Themen eines Ehepaares in Livno mögen sich von denen eines Ehepaares woanders auf der Welt unterscheiden, aber die Notwendigkeit, miteinander zu reden und gemeinsam eine Entscheidung zu treffen, ist in Bosnien genauso wichtig wie anderswo auf der Welt.

Aber wie bespricht man solche Dinge des Alltags mit jemandem, der zum Sprechen einfach nicht mehr imstande ist?

Zu den kleinen Dingen des Alltags, die immer mehr auf der Strecke blieben, kam noch die Sorge um den geliebten Menschen, der sich langsam, aber sicher zugrunde richtete.

Selbstverständlich wusste meine Mutter, welche Wirkung der Alkohol auf den menschlichen Körper hat und welche Folgen er nach sich ziehen kann. Das weiß jeder. Ich bin kein großer Freund von Statistiken und ich brauche sie auch nicht, um mir vor Augen zu halten, wie viele Menschen in meinem direkten Umfeld gerne mal ein oder zwei, wie man in Deutschland so schön sagt, „Bierchen zu viel“ trinkt.

Aber wann ist die Grenze überschritten? Wann darf man jemanden darauf ansprechen? Was macht man, wenn man genau weiß, dass der andere das nicht so eng sieht und nicht hören will? Und wann fängt man an, sich selbst Vorwürfe zu machen, dass man zu spät reagiert hat, falls man überhaupt reagiert hat? Und das Schlimmste: Was macht man, wenn man einfach nicht weiß, warum der andere Kummer, Leid, Frust und Trauer in Alkohol ertränkt und wie man ihm helfen kann?

Ich weiß nicht, wie viel die Ereignisse in jenem Winter dazu beigetragen haben, aber seit jener Nacht sehe ich, wie meine Eltern das Vergangene nachzuholen versuchen, so gut es geht.

Die Bosnier verwenden eine sehr bildhafte Sprache.

Wenn jemand unverbesserlich ist, sagt man: Geht ein Idiot nach Rom, kommt ein Idiot aus Rom zurück. *Budala u Rim, budala iz Rima.*

Wenn man jemanden nicht leiden kann, dann schaffen es die eigenen Organe nicht, denjenigen zu verdauen. *Ne mogu ga organski.*

Wenn du von einer Sache oder von einem Menschen die Nase gestrichen voll hast, dann hast du in Bosnien wörtlich den Penis von der- oder demjenigen voll. *Pun ti je kurac nje* oder *Pun ti je kurac njega.*

Hat jemand große Hände, dann hat er Schaufeln. *Ruke k'o lopate.*

Wenn jemand Glück hat, dann ist sein Löffel in den Honigtopf gefallen. *Upala mu kašika u med.*

Ich finde diese Art, über etwas oder über jemanden zu sprechen, amüsant, denn die dafür verwendeten Bilder sind unmissverständlich. Ich finde es in Ordnung, wenn man Kraftausdrücke benutzt, solange der Ton stimmt und dabei kein Mensch involviert ist oder beleidigt wird.

Wenn man in Bosnien etwas tut, und sei es etwas so Banales wie eine Schraube zuzudrehen, und dabei zu kämpfen hat, dann schickt man die Sache in jenes Organ seiner Mutter, durch das ein jeder von uns auf die Welt kommt. *Ajde u pičku materinu.*

Diese Ausdrucksweise lässt sich so ziemlich auf alles und jeden anwenden.

Leider.

Wenn einem eine Sache oder ein Mensch gleichgültig ist, dann fragt man sich und sein Umfeld, wer die Mutter der Sache oder des Menschen fickt. *´Ko mu jebe mater.*

Und ich glaube, das war auch das, was sich die meisten Menschen dachten, wenn sie vom Alkoholkonsum meines Vaters und den daraus resultierenden Problemen mit seiner Frau hörten.

´ko mu jebe mater. Sam pao, sam se ubio. „Alleine hingefallen, alleine wehgetan."

So ist es wenig verwunderlich, dass mein Vater schließlich immer mehr Zeit in der *stara kuća*, dem alten Haus seiner Eltern, verbrachte und in Erinnerungen schwelgte und immer weniger Zeit mit seiner Familie in seinem eigenen Heim.

Meine Mutter machte es letztlich wie er.

Ohne Schnaps zwar, aber dafür mit der gleichen Menge Kaffee, den sie bevorzugt bei irgendwelchen Tanten im Dorf trank anstatt mit ihrem Mann und ihren Kindern zu Hause.

Ich kann mich an Zeiten erinnern, an denen ich beide tagelang nicht sah. Und ich weiß, dass auch sie einander nicht sahen.

Aber um die Stimmung im eigenen Heim verbessern zu können, braucht man erst mal ein Heim.

Als Karin und ich vor ungefähr zehn Jahren das erste Mal über ein gemeinsames Zuhause gesprochen habe, war das noch ganz weit weg. Es war nur etwas, worüber man sprach. Ein Traum eben. Aber man muss auch träumen können, denn nur wer träumen kann, vermag es vielleicht eines Tages, seinen Traum zu erleben. Auf dem Weg dorthin wird er Höhen und Tiefen durchmachen, aber er wird dabei auch besser werden. Er wird wissen, wie viel Mut in ihm steckt, wie viel Leidenschaft, wie viel Durchhaltevermögen.

Ich habe es schon immer gesagt: Ein Mensch ohne Träume tut mir leid. Worauf soll man sich freuen, wenn man von nichts träumen kann?

Ich träume immerzu. Das liegt hauptsächlich daran, dass ich Bosnier bin. Wir träumen nachts, und tagsüber rennen wir durch die Welt und stellen uns alles Mögliche vor.

Ich träume davon, vier gesunde Kinder zu haben. Aber es deprimiert mich nicht, dass ich genau weiß, dass ich diesen Traum nicht erleben werde, denn Karin und ich haben einfach zu spät damit angefangen, Kinder in die Welt zu setzen.

Ich träume davon, abzunehmen. Und ich glaube, wenn ich eines Tages rank und schlank sein sollte, dann würde ich wieder davon träumen, ein paar Kilo mehr auf den Rippen zu haben.

Ich träume von einem Foto, auf dem meine Frau, unser Sohn und ich als dunkle Silhouetten vor einer riesigen untergehenden Sonne zu sehen sind.

Ich träume davon, einmal in Philadelphia die berühmte Rockytreppe hinaufzulaufen und, oben angekommen, meine Arme in die Luft zu werfen, um mich für einen Augenblick unbesiegbar zu fühlen. Vielleicht rufe ich dann auch noch ganz laut „Adriaaan".

Ich träume jeden Tag und manche Träume bleiben, andere verfliegen, manche werden wahr und andere brauchen einfach sehr viel Zeit, um wahr zu werden.

Einer dieser Träume ist kein außergewöhnlicher, sondern wahrscheinlich in fast jedem Menschen verwurzelt: eben der Traum vom eigenen Heim. Einem Ort, der nicht nur dein Eigentum ist, sondern ein Ort, den du dein Zuhause nennen kannst. Einem Ort, der dir wichtig ist und an dem du deine Kinder aufwachsen sehen willst. Einem Ort, der dir wichtiger sein wird als so manch geweihter Boden. Einem Ort, der dafür sorgt, dass du dich nie wieder einsam und allein auf der Welt fühlen wirst.

Das war es, wovon auch Karin und ich geträumt haben. Und es immer noch tun.

Aber jeder Traum will realisiert werden, und für die Umsetzung dieses Traumes brauchten wir beide viel Geld.

Karin und ich verdienen zwar genug Geld, um davon solide zu leben, und irgendwie würden wir auch die Raten für unser Haus abbezahlen können, versicherte sie mir zu Beginn unseres Traums.

Aber das Startkapital war unser Problem. Wir haben uns beide lange dagegen gesträubt, in irgendeiner Form um Unterstützung bei unseren Familien zu bitten. Das lag nicht am falschen Stolz, an völliger Selbstüberschätzung oder etwas Ähnlichem. Es lag schlicht und einfach daran, dass wir als Paar auf Ablehnung bei Teilen unserer Familien stießen.

Karins Mutter war gegen mich und meine Mutter gegen Karin.

Wir beide hatten echte Probleme, und die meisten davon resultierten aus der Tatsache, dass wir uns liebten. Bevor ich in ihr Leben getreten war, war Karins Leben im Lot.

Karin ist das einzige Kind von Albert und Margharete. Es war nicht so, dass sie keine weiteren Kinder bekommen wollten, aber es sollte nicht sein. Albert und Margharete haben es wohl ein paar Jahre lang versucht, aber es klappte nicht.

Umso mehr freuten sie sich über Karin.

Als Kind war meine Frau eine Weltverbesserin. Am schönsten finde ich immer noch die Geschichte, als sie im Urlaub auf dem Bauernhof als kleines Mädchen einige Fische vor den bösen Anglern gerettet hat.

In einem kleinen Teich waren einige Fische, die die Gäste des Bauernhofes angeln durften. Karin jedoch gefiel die Vorstellung, dass die Fische gefangen würden und ihnen womöglich etwas zustieß, gar nicht. Also ging sie frühmorgens alleine zum Teich, fing die Fische mit Netzen und trug sie in einem Eimer mehrere hundert Meter weit zu einem Bach, der in der Nähe des Bauernhofes floss. Dort hat sie die Fische in die Freiheit entlassen. Dann ist sie zurück zum Hof gelaufen, hat auf einen Zettel „Fischers Fritz fischt keine Fische" geschrieben und ihn am Tor, das zum Teich führte, aufgehängt.

Als junge Frau kümmerte sich Karin nicht mehr um Fische, dafür aber um Kinder. Genauer gesagt um den Kindergarten in der Straße, in der sie aufgewachsen war.

Irgendwann waren ins Haus neben dem Kindergarten sehr wohlhabende, aber auch sehr kinderfeindliche Leute gezogen. Karin war zu Ohren gekommen, dass dieses Karrierepärchen sich bei der Stadt beschwert hatte, dass die Kinder zu laut seien und dass man den Außenbereich des Kindergartens schließen solle.

Also hat meine Frau etwas getan, das man bestenfalls von einem fünfjährigen Kind erwarten würde, das aber cooler ist, wenn es von einem erwachsenen Menschen kommt. Karin hat nämlich gewartet, bis das Pärchen im Urlaub war, und ist dann nachts in ihren Garten gestiefelt, bewaffnet mit einem großen Eimer Farbe und einer fetten Walze.

Als das Pärchen ein paar Tage später aus dem Urlaub zurückkam, stand an ihrer Hausfassade geschrieben: „Wer das liest, muss lachen."

Wer jetzt aber denkt, dass meine Karin zu jedem Problem die passende Lösung parat hatte, die sie am liebsten sofort umsetzte, der irrt.

Karin hatte in ihrem Leben viele Probleme, und nicht wenige davon verdankte sie der Tatsache, dass ich in ihr Leben getreten war – Niko. Margharete, ihre Mutter, fand den Namen schön. Das sei doch sicherlich eine Abkürzung für Nikolaus. Und kennenlernen wolle sie ihn, den neuen Freund ihrer Tochter, mit dem sie sich schon seit ein paar Monaten traf. Sie könne es kaum erwarten. Als Margharete jedoch von Karin erfuhr, das Niko keine Abkürzung für Nikolaus ist, sondern der Name eines Kroaten, der aus Bosnien kommt, da war es vorbei mit der Vorfreude auf den neuen Freund.

Ob sie, Karin, denn schon vergessen habe, was Sabine widerfahren sei mit ihrem Typen, dessen Namen sie nicht einmal aussprechen konnte? Sie wusste nicht einmal genau, wo er herkam. Es ist wirklich erstaunlich, dass Margharete sich weder den Namen noch die Herkunft dieses Mannes gemerkt hat, wohl aber die Tatsache, dass dieser Mann die Freundin der Familie nach Strich und Faden betrogen hat.

Diese Sabine, die ich bis heute noch nicht kennengelernt habe, hatte wohl das, was man Pech in der Liebe nennt. Ihr Prinz, den sie irgendwo aus dem Urlaub mitgebracht hatte und gegen viel Widerstand in die Gesellschaft, in den Bekannten- und Freundeskreis und schließlich auch in die Familie eingeführt hatte, präsentierte sich zuerst als Romantiker und Traummann.

Doch damit war nach ziemlich genau vier Jahren Schluss.

Als die Romanze in die Brüche ging, kamen sie wie die Motten zum Licht: die Besserwisser, die es damals schon geahnt, gewusst oder gesagt hatten und sich die ganze Zeit gewundert hatten, warum Sabine nicht selbst darauf gekommen sei.

Er wolle doch nur nach Deutschland. Nach vier Jahren Ehe mit einer deutschen Staatsangehörigen habe er Anspruch auf eine unbefristete Aufenthaltserlaubnis, das wisse doch jedes Kind. Jetzt sei ja endlich auch klar, warum er keine Kinder wollte. Und dann seine Ausrede, sie könnten wegen der Religionsunterschiede nicht kirchlich heiraten!

So dumm und naiv, wie Sabine in ihren Augen war, hatte sie sogar ihre eigene Religion aufgeben und zu seiner konvertieren wollen. Gott sei Dank habe man sie wenigstens davon abhalten können.

Und wenn sie nur an das viele Geld dachten, das sie ihm geschenkt habe. Allein schon die Tatsache, dass sie ihn finanziert habe. Während er aufgrund der Sprachbarriere keine adäquate Anstellung finden konnte, die seinem Intellekt und Bildungsstand entsprach.

Von wegen.

Und während sie, die Arme, schuftete, habe er ferngesehen und, das ahnten sie damals auch schon alle, eine Geliebte gehabt. Keine zwei Monate, nachdem er Sabine verlassen habe, sei er bei ihr eingezogen, bei dieser Schlampe.

Diese und ähnliche Geschichten musste sich meine Karin von ihrer Mutter anhören, als sie ihrer Familie von meiner Existenz erzählte. Ich verüble dies Margharete nicht einmal.

Wenn man im engsten Freundeskreis so eine Geschichte wie die von Sabine und ihrem Prinzen mit den zwei Gesichtern hautnah miterlebt hat, wird man vorsichtig, wenn es um Menschen aus anderen Kulturkreisen geht, die plötzlich eine wichtige Rolle im eigenen oder – wie in unserem Fall - im Leben des einzigen Kindes spielen.

Vielleicht ist vorsichtig nicht das richtige Wort. Man wird eher misstrauisch. Vielleicht sogar abweisend. Irgendwann sogar feindlich. Fremdenfeindlich.

Wie bestellt spielt Hitradio Ö3 gerade „Englishman in New York" von Sting.

Ich bin kein studierter Mann, aber ich bin auch kein Idiot. Ist man mehr oder weniger wert, weil man zum Frühstück Kaffee oder Tee trinkt? Wenn man sein Toastbrot nur auf einer oder doch auf beiden Seiten toastet? Wenn man gegrilltes Hackfleisch quasi mit der Muttermilch aufgenommen hat? Oder wenn man sich beim Beten in eine bestimmte Himmelsrichtung hinkniet?

Sting singt „Stelle dich deinen Feinden", aber schon in der nächsten Zeile fügt er „Meide sie, wenn du kannst" hinzu. An diesem Lied lieben alle die Zeile, in der er singt „Sei du selbst, was auch immer die anderen sagen", und im Grunde genommen sehe ich das genauso. Aber diese andere Zeile, die besagt, dass du dich deinen Feinden, die von irgendwoher aufgetaucht sind, stellen oder noch besser ihnen aus dem Weg gehen sollst, hat mir schon immer besser gefallen.

In Bosnien gibt es ein Sprichwort, das besagt, dass der streitsüchtige Stier die meisten Narben auf seiner Haut hat. *Na volu bodaču najviše faša.*

Aus diesem Grund bin ich Menschen, die mich nicht schätzen, respektieren oder zumindest so hinnehmen, wie ich nun mal von Geburt an bin, schon immer aus dem Weg gegangen.

„Man kann einem Menschen nichts beibringen, man kann ihm nur helfen, es in sich selbst zu entdecken."

Ich weiß nicht mehr, wer diesen Satz gesagt hat, und ich bin mir auch sicher, dass er diesen in einem positiveren Kontext formuliert hat, als ich ihn jetzt benutze. Aber trotzdem glaube ich daran: Man kann jemandem nicht erzählen, dass etwas so oder so ist, wenn er es nicht glaubt oder, was noch schlimmer ist, es gar nicht erst glauben will.

Karin hat sich darüber den Mund fusselig geredet, was für ein Mann und Mensch ich bin, aber für Margharete war ich so einer wie Sabines namenloser Exmann.

Sie wollte mich nicht kennen und auch nicht kennenlernen.

Ich wusste damals nicht, wie ich damit umgehen sollte. Es war nicht leicht. Weder für sie noch für mich und am wenigsten für Karin.

Die hätte es sich viel einfacher machen können.

Ein Nikolas oder ein Nikolaus, der so wie sie deutsch ist, wäre sofort akzeptiert worden. Keine Frage, ein Nikolas oder Nikolaus hätte sie auch irgendwann betrügen, schlagen oder schlecht behandeln können, aber der Start wäre für ihn leichter gewesen als für einen bosnischen Kroaten, der Niko heißt.

Ich frage mich, wie Margharete reagiert hätte, wenn mein Name nicht Niko, sondern beispielsweise Hrvoje wäre. Oder Trpimir. Oder Božidar. Oder Ljudevit. Irgendetwas, was sie nicht auf Anhieb hätte aussprechen können. Ich weiß nicht, ob sie dann mehr oder weniger geschockt gewesen wäre.

Ich weiß aber, dass Karin über ihre Reaktion geschockt war.

Zum ersten Mal in ihrem Leben war sie geschockt von ihrer Mutter, und mich machte die Tatsache völlig fertig, weil ich dafür verantwortlich war.

So paradox sich das auch anhört: Ich war der letzte Mensch, der Karin zu dieser Zeit helfen konnte. Ich, der sich in ihr Leben geschlichen hatte und ihr Probleme mit ihrer Familie einbrachte, war nicht imstande, etwas zu einer Besserung der Situation beizusteuern.

Ich hatte sie von der ersten Sekunde an geliebt und liebte sie mit jedem neuen Tag immer mehr, aber ich konnte ihr nicht helfen. Denn ich konnte nicht aus meiner Haut.

Ich war derjenige, der ich war. Ich konnte und ich wollte mich nicht ändern oder verstellen. Hätte ich das auch nur versucht, wäre es zwischen uns aus gewesen. Karin bestätigte mir das unzählige Male, und ich versprach ihr, dass ich auch an ihr nichts ändern wollte.

Wir beide waren nicht das Problem.

Die Probleme machten uns andere.

In jener Zeit hat Nina, ihre Sandkastenfreundin, ihr viel geholfen, mit ihren Problemen fertig zu werden.

Nina war verheiratet mit einem Deutschen und die beiden hatten zwei Kinder. Sie hatten damals gerade ihr Haus gebaut und Karin besuchte sie, sooft sie konnte.

Ich hatte nie einen vergleichbaren Freund wie meine Frau ihn in Nina hatte. Antiša war jemand, mit dem ich ab und an ein Bier trank und aufgrund unserer Verwandtschaftsverhältnisse auch mal Dinge besprach, die ich nicht in der Zeitung abdrucken würde, aber er war nicht mein Freund. Zumindest nicht so einer, wie es Nina für Karin war. Ich bin froh, dass es Nina gab.

Sie baute Karin auf, wenn sie mal wieder niedergeschlagen von ihren Eltern kam und sich zu viele Fragen stellte, auf die sie keine Antwort hatte. Nina hörte über so manch eine Vermutung hinweg. Nina hakte ein und hakte nach, wenn es erforderlich war. Nina hatte keine Lösung für das Problem, aber die erwartete auch niemand. Es reichte schon, dass sie da war. So einfach können Freundschaften manchmal sein.

Es dauerte mehr als sechs Monate, ehe ich Karins Eltern kennenlernen sollte.

Auch wenn dies mittlerweile viele Jahre her ist, kann ich mich so gut daran erinnern, als sei es gestern gewesen.

Karin war mal wieder bei ihren Eltern gewesen und ich erwartete, dass sie niedergeschlagen oder zumindest mit einem mulmigen Gefühl nach Hause käme, doch an jenem Abend fragte sie mich: „Haben wir am Samstagabend schon etwas vor?“ Als ich verneinte, erwiderte sie: „Jetzt haben wir etwas vor. Wir sind zum Essen bei meinen Eltern eingeladen.“

Ich wäre ein Lügner, wenn ich jetzt leugnen würde, dass ich den ganzen Tag, bevor wir zu Karins Eltern fuhren, ein ganz dumpfes Gefühl in der Magengegend hatte. Es war eine Mischung aus Neugierde, aus vielen Fragen ohne die dazugehörigen Antworten und vor allem aus Erwartungen. Und jedes Kind weiß, dass derjenige, der etwas erwartet, auch enttäuscht werden kann.

Dennoch war ich froh, dass es endlich so weit war und ich Karins Eltern, meinen heutigen Schwiegereltern, von Angesicht zu Angesicht gegenübertreten konnte.

Der Abend war in Ordnung. Unter den Vorzeichen des zaghaften Abtastens aßen wir Rouladen, die übrigens sehr gut schmeckten, und tranken Wein. Ein Glas nur, aber ich wollte auch nicht mehr trinken und riskieren, dass aus mir der Alkohol und nicht der Kerl in mir sprach. Während Margharete abwartend und sehr kritisch war, brach schließlich ihr Mann Albert das Eis.

Irgendwann im Laufe des Abends erzähle er uns allen etwas aus seinem Leben, was bis dahin niemand gewusst hatte.

Alberts Vater war im Zweiten Weltkrieg in Bosnien stationiert gewesen. Und als es mit dem Dritten Reich zu Ende ging, die Partisanen auf den Vormarsch und die Deutschen auf dem Rückzug waren, flüchtete Alberts Vater vor der Rache der Partisanen und versteckte sich in einer Scheune.

Als die Partisanen kurz danach zum Hof kamen und den Hofherren fragten, ob er irgendwelche Deutschen gesehen habe, verneinte er. Die Partisanen sahen sich halbherzig um, entdeckten Alberts Vater jedoch nicht. Als sie schließlich abgezogen waren, ging auch der Bosnier ins Haus.

Alberts Vater legte sich ins Heu und versuchte wohl etwas zu schlafen, als sich plötzlich das Tor öffnete. Der Bosnier reichte Alberts Vater ein paar Kleidungsstücke und forderte ihn auf, sich umzuziehen. Dann verbrannte er die Wehrmachtsuniform vor seinen Augen im Hof.

Alberts Vater hielt sich dort noch ganze drei Tage und drei Nächte versteckt und jeden Tag kam der Bosnier morgens und abends und brachte ihm etwas zu essen und zu trinken mit. Er sprach kein Wort, sondern machte ihm nur jedes Mal mit einer Handbewegung deutlich, dass er noch hierbleiben und sich versteckt halten solle.

Am vierten Tag kam der Hofherr dann mit einem anderen Mann in die Scheune. Dieser war ebenfalls ein Bosnier, der aber deutsch sprach und der Alberts Vater erklärte, wie er sicher in ein Gebiet kommen könne, das noch von den Deutschen kontrolliert wurde. Als Alberts Vater sich gerade auf den Weg machen wollte, kam der Bosnier zu ihm und gab ihm ein Foto von Alberts Mutter, das er aus der Uniform gerettet hatte, bevor er sie verbrannt hatte.

Dann ging Alberts Vater mit dem anderen Mann mit.

Zunächst in ein Waldstück, von wo aus ihm der Bosnier erklärte, wie er sicher ins deutsche Gebiet käme.

Beim Abschied fragte Alberts Vater den anderen, warum der Hofherr das für ihn getan habe. Dieser antwortete ihm, dass ein deutscher Offizier vor Jahren dafür gesorgt habe, dass der Bosnier nicht alles verlor, als die deutschen Truppen in Jugoslawien einmarschiert waren. Dieser deutsche Offizier hatte dem Hofherrn wohl eine Kuh gelassen, die ihn und seine Familie im Krieg ernährt hatte. Und er habe ihn von der Statur her an diesen deutschen Offizier erinnert.

„Ein Bosnier vergisst nie“, sagte der andere noch, ehe er sich umdrehte und wegging.

Alberts Vater rief ihm hinterher, weil er noch wissen wollte, wie der Hofherr hieß. Ohne sich umzudrehen, verriet der andere Bosnier ihm, wie sein Retter hieß.

Niko.

Ich weiß noch, wie wir alle, inklusive Margharete, an Alberts Lippen hingen und welche Stille den Raum erfüllte, als er seine Geschichte zu Ende erzählt hatte.

Ich weiß auch noch, dass wir eine ganze Weile einfach schwiegen. Man muss sich das einmal vorstellen: Da gehst du hin, vorbelastet mit der Hypothek deiner Herkunft und den Hypotheken anderer Menschen, um dein Möglichstes zu tun und deine zukünftigen Schwiegereltern, insbesondere Karins Mutter, davon zu überzeugen, dass du nicht der böse Mann vom Balkan bist, der ihrem Kind schaden will, und dann so etwas!

Es ist nicht so, dass ich nichts zu sagen gewusst hätte, aber von all den Szenarien, die mir vor diesem Treffen durch den Kopf gegangen waren, war kein einziges eingetreten.

Ich hatte damit gerechnet, dass wir uns den ganzen Abend lang anschweigen. Oder alles in einer sinnlosen und gespielten Förmlichkeit erstickt. Oder dass der Abend in einem Streit endet. So ziemlich alles hatte ich mir vorstellen können, doch dann kam Albert mit dieser Geschichte.

Ich wusste nicht, ob dies nun eine Chance war oder eine Abrechnung. Ich wusste nicht, ob ich Albert nun hätte umarmen und ihn fragen sollen, was er uns und insbesondere mir damit sagen wollte.

Was hatte ein Bosnier, der im Zweiten Weltkrieg Alberts Vater das Leben gerettet und es somit erst ermöglicht hatte, dass Albert und damit auch die Frau, die ich liebe, überhaupt geboren werden, mit mir zu tun? Hatte dieser Bosnier, der den gleichen Namen trug wie ich, überhaupt etwas mit mir zu tun? Hatte Albert einfach etwas loswerden wollen, das er schon lange auf dem Herzen hatte? War es Zufall? Oder Schicksal?

Ich weiß es nicht.

Als der Abend zu Ende war, fielen wir uns zwar nicht gerade um den Hals und schlossen Blutsbrüderschaft. Aber wir verabschiedeten uns wie normale, erwachsene Menschen.

Es war bei Weitem nicht alles besprochen und geklärt, aber nach diesem Abend hatten wir es selbst in der Hand, was wir daraus machen würden.

Nach und nach entwickelte sich zwischen Albert und mir zunächst eine Wertschätzung, und heute, viele Jahre nach diesem Abend, würde ich sogar behaupten, dass Albert mein Freund ist. Ein Freund, der genauso wie ich bewusst in Kauf genommen hat, dass er mit seinem Standpunkt vielleicht nicht nur Zustimmung ernten würde. Sogar in der eigenen Familie.

Und so war es auch.

Ich habe mich mit ihm nie direkt über seine Konflikte mit Margharete unterhalten, die er hatte, weil er nicht so energisch gegen mich war wie sie. Aber aus Karins Erzählungen weiß ich, dass sich Albert und Margharete manchmal sogar stritten, weil sie gegen mich und er gegen ihre Einstellung war.

Das alles erinnerte mich an meine Eltern.

Auch mein Vater sprang nicht in die Luft vor Freude, als sich abzeichnete, dass ich es mit Karin ernst meinte und nicht mehr in die Heimat zurückkehren, keine Kroatin heiraten und kein Haus in Livno bauen würde. Aber er hatte immer ein gutes Wort für Deutschland übrig und hatte mich schließlich 1996 selbst dorthin geschickt.

Er sagte damals nicht „Gehe hin, suche dir eine deutsche Ehefrau und komm nie wieder zurück", sondern er schickte mich nach Deutschland, damit ich meinen eigenen Weg gehen konnte. Und dieser Weg führte mich zu einem Mann, der mich auf eine seltsame Art und Weise wieder zurück nach Bosnien führte.

Während unsere Väter weniger ängstlich, aber nicht weniger vorsichtig an die Sache herangingen, waren es unsere Mütter, die länger brauchten, um sich mit diesem Gedanken, dieser Tatsache und dieser Zukunft anzufreunden.

Die Jahre, die noch kommen sollten, trat ich Albert mit Respekt und Vorfreude gegenüber und Margharete mit der Hoffnung auf bessere Zeiten.

Karin tat es mir gleich. Sie nahm das, was ich ihr über meinen Vater berichtete, mit Respekt und Vorfreude auf, und das, was von meiner Mutter kam, mit der Hoffnung auf Besserung.

Kurz nach Mitternacht verlasse ich den Tauerntunnel. Vor mir liegt noch eine gute Stunde Autofahrt durch Österreich. Die Radiostimme mit österreichischem Akzent teilt mir mit, dass die Straßen frei sind, und ich blicke auf die nahezu leere Autobahn vor mir.

In der Ferne sehe ich, wie die Autobahn eine Kurve nimmt, und ich kann erkennen, dass die ganze Autobahn hochkompliziert entlang der Alpen auf Brücken und Betonpfeilern steht. Die Österreicher hätten sie auch im Tal bauen können, aber sie wollten sicher nicht das wenige fruchtbare Land dort umpflügen und alle Menschen umsiedeln, bloß um dort eine Autobahn zu bauen. Also bauten sie in den Berg hinein, schlugen Tunnels durchs Bergmassiv und erschufen schließlich das, was heute der schnellste Weg in den Süden ist. Vom Flugzeug mal abgesehen.

Während ich die Autobahn betrachte, wird mir klar, dass auch meine Existenz nach dem gleichen Muster geschaffen wurde.

Ich schlug meinen Weg durch Berge und stellte ihn auf komplexe Brücken, aber es musste so sein, wenn ich am Ende auf einen Lebensweg zurückblicken will, auf dem ich sicher vorankommen, mir selbst treu bleiben und meinem Umfeld respektvoll begegnen kann.

Zweiter Teil
Was habe ich dir getan, Bruder?

Es ist halb zwei in der Nacht und wie aus dem Nichts bauen sich vor mir plötzlich die Helme der Konquistadoren auf. So nenne ich die Karawanken-Grenzanlage zwischen Österreich und Slowenien. Ich weiß, dass die Grenzkonstruktion die Architektur der Krain widerspiegelt, aber für mich sieht diese Grenzanlage eben aus wie die Helme der Konquistadoren.

Wo man noch vor einigen Jahren stundenlang warten musste, fahre ich jetzt in Schrittgeschwindigkeit durch. Die Kabinen, aus denen einen früher ein Polizist in blauer Uniform mit einem roten, fünfzackigen Stern auf seiner Mütze deinen pasoš, deinen Reisepass, verlangte und ein Zollbeamter in grauer Uniform und mit einem roten, fünfzackigen Stern auf seiner Mütze fragte, ob man etwas zu verzollen habe, sind Vergangenheit.

Dieser Grenzübergang ist schon immer ein besonderer Ort für mich gewesen, denn er gehörte zu Slowenien. Und Slowenien war schon immer eine andere Welt. Erst recht, als Bosnien und Slowenien noch Teile eines Staates waren.

Während in Livno beispielsweise der Mais einem ausgewachsenen Mann gerade mal bis zur Brust reicht, sind die verdammten Pflanzen in Slowenien mindestens drei Meter hoch. Ich weiß nicht, ob das am Klima, am Boden oder an den Maispflanzen selbst liegt.

In Livno findet man an jeder Ecke Müll, den jemand einfach dort abgestellt hat, in der Hoffnung, dass ihn die Witterung zersetzen oder jemand anders aufräumen wird. In Slowenien gibt es keinen Müll. Zumindest nicht am Straßenrand.

In Slowenien wird jede Kirche und jedes wichtigere Gebäude mit Schweinwerfer angestrahlt, sodass es nachts ein wunderschönes Bild abgibt, wenn man an ihnen vorbeifährt. In Bosnien scheren sich die wenigsten Menschen darum, ob und wie etwas angestrahlt wird.

Im slowenischen Radio spielen die Original Oberkrainer. Jede Stunde gibt es Nachrichten und auch wenn ich bis heute nicht viel verstehe, hört sich das so an, als ob sich jemand Gedanken zum Programm gemacht hat. In Livno gibt es zwar auch einen Radiosender, aber der ist besonders in den Sommermonaten unerträglich.

Im Sommer wird nämlich in Livno besonders oft geheiratet, und es ist Brauch, wobei diesem Wort in Bosnien gerne Gewalt angetan wird, zum Stadtpark zu rennen, wo das Radio Livno seinen Sitz hat, und sich dort für ein sich vermählendes Paar, zu dessen Hochzeitsfeier man eingeladen wurde, ein Lied zu wünschen, das dann auch gespielt wird.

Der Brauch will es angeblich so. Und Brauch ist in Bosnien alles, was man mehr als fünf Jahre hintereinander macht. Nach etwa 50 Jahren, in denen man hintereinander weg das Gleiche gemacht hat, wird dann aus einem Brauch ein Gesetz, und manchmal frage ich mich, ob das Bestellen der Lieder bei Radio Livno mittlerweile nicht schon Gesetz sein müsste.

Selbst wenn es in Deutschland so etwas gäbe, käme man nicht so oft in die Verlegenheit, das tun zu müssen, da man nicht zu besonders vielen Hochzeiten eingeladen wird.

In Livno jedoch, wo jeder mit jedem irgendwie verwandt, verschwägert oder befreundet ist und man demzufolge zu mehr Hochzeiten eingeladen wird, als einem lieb ist, steht man häufiger unter Zugzwang, zu Radio Livno zu rennen und sich ein Lied zu wünschen. Gegen einen geringen Kostenbeitrag von umgerechnet fünf Euro wird einem jeder Musikwunsch erfüllt.

Da aber die Menschen in Livno es offensichtlich und unüberhörbar leid sind, sich Gedanken darüber zu machen, welches Lied sie sich für das Brautpaar wünschen sollen, bestellen sie einfach immer wieder die gleichen Lieder. Und diese werden dann rauf und runter gespielt, bis zum Erbrechen.

Von morgens bis manchmal spät in die Nacht werden die allerherzlichsten Grüße und die herzerwärmendsten Wünsche durch die Stimme des Radiomoderators an das Brautpaar übermittelt.

Zuerst vom Brautvater solo, dann von der Brautmutter solo, dann von den Brauteltern als Paar, von jedem Geschwisterteil der Braut, sowohl solo als auch mit Mann bzw. Frau, und dann natürlich noch als Familie. Das Ganze dann selbstverständlich auch noch von der Seite des Bräutigams aus. Dann vom Onkel samt Familie, schließlich vom Onkel nur mit Ehefrau, dann von der Tante aus Australien mit Familie, der Tante alleine und von allen Tanten und Onkeln, die Braut und Bräutigam haben.

Und als ob das nicht reichen würde, kommen dann noch alle Nachbarn, sprich das ganze verdammte Dorf, die Bekannten, die Arbeitskollegen und ganz viele andere Leute, die zu Radio Livno gehen und sagen: „Spiel auch was von mir."

All diese Menschen gestalten jahraus, jahrein das Sommerprogramm von Radio Livno.

„Danas majko ženi svoga sina", also „Mutter, heute ist der Tag, an dem du deinen Sohn heiraten siehst" oder *„Zvone zvona s naše katedrale"*, sprich „Die Glocken unserer Kathedrale läuten heute", sind sogenannte Klassiker, bei denen mir regelmäßig schlecht wird. Obgleich es eigentlich schöne Lieder mit sinnvollem Text sind, auch

ganz hübsch arrangiert, kann man sie nach gefühlten zwei- bis dreitausend Mal nicht mehr hören.

In Slowenien türmt man das Heu nicht einfach auf, wie dies in Livno gemacht wird. Falls es überhaupt gemacht wird, denn ein Blick auf die unbearbeiteten Felder um Livno herum lässt mich daran zweifeln, dass die Landwirtschaft in Bosnien ein lukratives Geschäft ist. In Slowenien gibt es dafür spezielle Konstruktionen, mittels derer das Heu getrocknet wird.

In Slowenien spricht jeder Deutsch. In Slowenien feiert man Feste wie in Österreich oder Bayern und trägt dabei Lederhosen und Dirndl. In Bosnien würde das kein Mensch anziehen. Und die Feste sehen auch ganz anders aus als in Slowenien.

Ich habe nie verstanden, was Slowenien in der Staatskonstruktion Jugoslawien zu suchen hatte.

Meinen Bruder Ante verschlug es oft nach Slowenien. Er fuhr Holz aus Bosnien nach Italien oder Deutschland und musste dabei zwangsläufig durch Slowenien fahren. Im Gegensatz zu meinem Vater, der auch einen Laster fuhr, kam mein Bruder selten von einer Tour zurück und hatte etwas Schönes zu berichten.

Verschlug es ihn nach Bosnien, dann erzählte er immer davon, welche Probleme er als Kroate mit den Bosniern anderer Religionszugehörigkeiten hatte und wie er sie gelöst hatte. Meistens nach dem Gesetz der Straße und dem Recht des Stärkeren.

Führte ihn seine Tour nach Kroatien, kam er zurück und berichtete davon, wie er wieder jemandem über den Weg gefahren oder gelaufen sei, der ihn als Bosnier beschimpft hatte. Es ist für einen Außenstehenden nicht einfach zu verstehen, wie ein Kroate, der nach Kroatien reist und nachweisen kann, dass er Kroate ist, letztendlich abwertend als Bosnier beschimpft wird. Für meinen Bruder, der wie ich und Millionen andere das Pech hatten, in einer Stadt geboren zu werden, die zum größten Teil von Kroaten bewohnt wird, sich aber nicht in Kroatien befindet, war dies nicht akzeptabel. Also legte er sich bei fast jeder Tour als Kroate mit anderen Kroaten an, wenn es um die Frage ging, wer nun Kroate ist und wer nicht.

Verschlug es ihn nach Italien, dann kam er zurück und berichtete von den Dirnen, die nachts am Parkplatz an die Kabinentür klopften und ihre Körper für Geld anpriesen. Er echauffierte sich darüber, so, als ob es woanders auf der Welt oder gar in seiner geliebten Heimat keine Damen gäbe, die Liebe gegen Bezahlung anbieten.

Ab und zu musste er auch mal nach Deutschland, und im Gegensatz zu meinem Vater, der von Deutschland immer schon ein sehr positives Bild hatte, fand mein Bruder wenig Gefallen an den *Švabe*, wie er die Deutschen nannte.

Nicht nur er nannte sie so.

Alle im ehemaligen Jugoslawien lebenden Nationen und Völker nennen die Deutschen *Švabe*. Woher das genau kommt, weiß wahrscheinlich niemand so genau. Ich glaube, das stammt aus dem Zweiten Weltkrieg und den ganzen jugoslawischen Filmen, die zur Verherrlichung des antifaschistischen Freiheitskampfes der Partisanen gegen die Deutschen gedreht wurden. In diesen Filmen wurden die Deutschen immer abwertend als *Švabe* bezeichnet.

Ich lebe nun seit 1996 in der Schwabenmetropole und ich weiß, wer die Schwaben sind. Sie sind viel, aber kein Synonym für alle Deutschen.

Vielleicht wären sie es auch für mich, wenn ich die letzten zwanzig Jahre in Livno und nicht in Stuttgart verbracht hätte. Ich weiß es nicht. Aber was ich genau weiß, ist, dass sie es für meinen Bruder schon immer waren. Und immer noch sind, auch wenn sich sein Bild von den Deutschen seit den Ereignissen von 2009 gewandelt hat.

Die unschönsten Geschichten jedoch brachte er mit, wenn er nach Slowenien musste. Meistens war er schon vor der Reise so negativ eingestellt, dass es mich auch gewundert hätte, wenn er aus Slowenien mit guten Erfahrungen zurückgekommen wäre.

Es fing schon mit der Sprache an.

Als ehemaliger Jugoslawe und stolzer Kroate pochte er auf über vierzig Jahre, in denen Serbokroatisch die Amtssprache im ehemaligen Jugoslawien gewesen war, und erwartete, dass dies auch heute, nachdem Slowenien längst ein eigener Staat mit einer eigenen Sprache geworden ist, immer noch so ist. Traf er auf jemanden in Slowenien, der nur Slowenisch konnte oder kein Serbokroatisch sprechen wollte, fühlte er sich immer gleich persönlich angegriffen und warf demjenigen Absicht vor.

Es ging weiter über die Fernfahrerkneipen, die man in seinen Augen nur deswegen ertragen konnte, weil es dort Menschen gab, die nicht aus Slowenien kamen. In solchen Kneipen war man unter sich und konnte sich mitten in Slowenien über die Slowenen und ihr Land lustig machen.

Ich kenne all seine Witze über Slowenien, weil ich sie gefühlte zwei Millionen Mal gehört habe. Die meisten gehen auf das Konto der slowenischen Landesgröße.

Slowenien ist ein verhältnismäßig kleines Land, und das nahmen mein Bruder und viele andere Bosnier zum Anlass, sich darüber lustig zu machen.

Wie fährt man durch Slowenien? Erster Gang, zweiter Gang, dritter Gang, Österreich.

Warum wurde die Skiflugschanze im slowenischen Planica geschlossen? Weil die Skiflieger ansonsten in Italien landen würden.

Warum haben die USA Slowenien bis heute noch nicht den Krieg erklärt? Weil sie Slowenien nicht auf der Karte finden konnten.

Solche und ähnliche Witze erzählte mein Bruder ständig. Die Krönung stellten seiner Meinung nach jedoch die slowenischen Polizisten dar, die ihn stets ohne Grund anhielten und bestraften und dann auch noch die Frechheit besaßen, nicht bestechlich zu sein.

Das einzig Gute an Slowenien waren seiner Meinung nach die Bosnier, die nach Slowenien ausgewandert waren.

Ich hörte mir diese Geschichten nur ein paar Jahre an, aber es gibt jemanden, der sie sich viele Jahre länger hat anhören müssen. Jemanden, den ich sehr schätze und ohne den heute vieles in unserer Familie sicherlich anders aussehen würde.

Marija.

Meine Schwägerin ist wohl das, was man im Volksmund die perfekte kroatische Schwiegertochter, Mutter und Ehefrau nennt. Hübsch, aber keine Femme fatale. Kommunikativ, aber nicht aufdringlich. Fruchtbar. Gläubig. Natürlich treu. Aus ehrlichem, christlichem Hause. Gehorsam, aber durchaus mit eigenem Kopf. Selbstverständlich eine gute Ehefrau und eine noch bessere Mutter. Obendrein noch fleißig und eine sehr gute Köchin. Was will man mehr?

Marija war und ist jedoch mehr als das. Viel mehr. Ich weiß nicht, wie ich heute zu meinem Bruder stehen würde, wenn es sie nicht gäbe.

Ich lernte Marija kennen, wenige Wochen bevor sie meinen Bruder heiratete.

Die beiden waren schon ein paar Monate ein Paar, aber mein Bruder verstand es sehr gut, daraus ein Geheimnis zu machen. Er gehört definitiv nicht zu den romantischen Kerlen. Ganz im Gegenteil: Er ist zweifelsohne einer aus der Kategorie, die mit Gefühlsduselei, wie er es nennt, nichts anfangen können. Zumindest tut er in der Öffentlichkeit so, und das, seit ich denken kann. Ich will nicht sagen, dass er keine Gefühle hat, aber er hat eben eine besondere Art, diese zu zeigen. Die Öffentlichkeit hat es bis heute nicht verdient, Zeuge seiner Gefühlsdarbietungen der schönen Art zu sein.

Ich kann mich noch genau daran erinnern, wann ich Marija das erste Mal gesehen habe, denn es war am 15. August, dem Tag der *gospojina*, am Feiertag Mariä Himmelfahrt, wo sich jede Seele aus Livno und Umgebung am Abend in die Stadt begibt, um den Festtag der Mutter Gottes zu würdigen.

Man muss sich das so vorstellen: über zehntausend Menschen an einem Ort, der unter normalen Umständen höchstens zweitausend verträgt.

Mitten in diesem Gedränge standen wir uns plötzlich gegenüber. Mein Bruder stellte uns einander schnell vor, sie umarmte mich, gab mir links und rechts einen Kuss auf die Wange und verschwand mit meinem Bruder in der Menschenmenge.

Das nächste Mal, als ich sie sah, trug sie weiß und stand neben meinem Bruder vor dem Traualtar. So kam es auch, dass ich Marija erst richtig kennenlernte, als sie bereits meine Schwägerin war.

Mein Bruder war damals schon Fernfahrer und viel unterwegs, also war ich es, der Marija unser Dorf, die dazugehörigen Menschen und alles Wissenswerte zeigte.

So zeigte ich ihr nicht nur, wer wo wohnte, sondern erzählte ihr auch, wer mit wem nicht konnte, wer welche Marotten hatte und wem sie am besten aus dem Weg ging.

Ich weiß noch, wie wir an der Betonmauer am Haus des alten Jozo vorbeikamen und sie mich fragte, warum jemand eine haushohe Mauer aus Zementblöcken lediglich 50 Zentimeter von seinem Haus entfernt baut. Ich erzählte ihr dann von unserer „Berliner Mauer“, wie wir im Dorf zu den aufgeschichteten Zementblöcken sagten.

Der alte Jozo hatte vor vielen Jahren sein Haus ausgebaut und auf das alte Häuschen ein zweites Stockwerk gesetzt. Das ganze untere Stockwerk hatte er zu einem großen Wohnzimmer umgestaltet und die Haustür sowie die beiden großen Fenster zeigten schön nach Süden, wodurch viel Sonnenlicht in sein neu umgebautes Domizil fiel. Dummerweise baute er sein Dach so, dass es 20 Zentimeter in das Grundstück seines Nachbarn hineinragte.

Dieser Nachbar, der ebenso alte Jakov, hatte Jozo noch nie leiden können, sei es, weil er ihm sein schönes Heim nicht gönnte oder weil er irgendeine Rechnung mit ihm offen hatte: Er zog am äußersten Rand seines Grundstücks die „Berliner Mauer“ hoch. Vollflächig parallel zur ganzen Hauslänge des alten Jozo. Da stand sie nun, genau zwischen den Sonnenstrahlen und Jozos neuem, schönem Wohnzimmer. Plötzlich war es in Jozos „guter Stube“ ständig dunkel und kalt, sodass ihm nichts übrig blieb, als die Haustüre an die Nordseite seines Hauses zu verlegen und so die gesamte Hausaufteilung komplett umzuwerfen.

Marija schüttelte nur den Kopf und ich lachte, denn für sie war die Berliner Mauer neu, aber für mich und alle anderen im Dorf, die wir ihre Entstehung mitverfolgt hatten, gehörte sie zum Inventar.

Ich zeigte ihr auch Straßenabschnitte, die laut dem örtlichen Vermessungsamt gute fünf Meter breit, aber stellenweise nur noch so schmal waren, dass gerade mal ein Kleinwagen durchpasste, weil manche Leute in unserem Dorf jeglichen Müll, sei es Bauschutt, Steine, die sie aus ihrem Acker herausgeholt hatten, oder einfach nur zusammengekehrten Dreck schön über ihre Gartenzäune auf die Straße warfen, die Jahr für Jahr immer enger wurde.

Ich zeigte ihr Strommasten, die mitten im Weg standen, und *ležeće policajce*, wie man in Bosnien Bodenschwellen zur Geschwindigkeitsbegrenzung nennt, die von gefrusteten Dorfbewohnern in Nacht- und Nebelaktionen hinbetoniert wurden, weil ihnen die zu schnell fahrenden Jugendlichen auf die Nerven gingen, und die so hoch waren, dass nur die wenigsten Autos darüber fahren konnten, ohne den Unterboden zu beschädigen.

Ich zeigte ihr unsere Dorfkneipe, die an manchen Tagen geöffnet war und dann ohne jegliche Ankündigung wieder schloss, bevor der Wirt wieder Lust hatte, sie zu öffnen, und ich zeigte ihr, wo die Kinder ihre Metallfässer, deren Böden sie entfernt hatten, um sie zum illegalen Fischfang zu benutzen, im Flusstang versteckten.

Ich zeigte ihr Rundov, einen wirklich großgeratenen *tornjak*, einen Hirtenhund, den sich die alte Mara hielt aus Angst, dass sie jemand überfiel, was aber letztendlich dazu führte, dass sich niemand, nicht einmal ihre eigenen Kinder, zu ihr trauten, aus Angst vor dem riesigen, immer bellenden Rundov.

Ich zeigte ihr auch den *stojadin*, einen Zastava 101, nach dem Zastava 750 das meistverbreitete Auto im ehemaligen Jugoslawien, den Mile, der Sohn des örtlichen Spezialisten für weiße Ware, Gojko, vor vielen Jahren volltrunken dort gegen einen Strommasten gefahren hatte. Sauer auf seinen Sohn, der sich entgegen seinem Verbot den damals nagelneuen *stojadin* ohne Erlaubnis genommen hatte, ließ er den Wagen einfach dort stehen. Und erstaunlicherweise kam nie jemand auf die Idee, den *stojadin* abzuschleppen. Zwar wurde über Nacht aus dem *stojadin* alles herausgeschraubt, was man irgendwie selbst verwenden oder verkaufen konnte, aber die Karosserie interessierte niemanden. Und so steht sie auch heute noch an dem Strommast, gleich hinter dem Haus der alten Kata.

Ich zeigte ihr auch die grün-gelben Zaunpfähle, die den Acker von Lolek und Bolek umzäunten. Lolek und Bolek heißen eigentlich Ivan und Mirko und waren Nachbarn, die sich eine schmale Zufahrt teilten, über die sie zu ihren Äckern, die nebeneinander liegen, gelangten. Als Loleks Tochter Mara irgendwann Boleks Sohn Josip heiratete, beschlossen die beiden Alten, aus den beiden Äckern einen großen zu machen, Lolek riss seine grünen Zaunpfähle aus dem Boden, Bolek machte es ihm mit seinen gelben gleich, und die beiden umzäunten den neuen Acker neu und verwendeten dabei ihre Zaunpfähle abwechselnd.

Ich zeigte ihr das Haus der alten Stana, der ärmsten Frau im Dorf. Wenn auch ziemlich viele Leute in meinem Heimatort untereinander zerstritten waren, gab es doch einen Tag, an dem alle gemeinsam etwas für die alte Stana taten. Am Tag der *maškare*, den man in Deutschland als Fasching kennt, liefen Kinder die ganze Gegend ab und erbettelten entweder Geld oder Eier, was man damals von den Hausherren bekam. Ich habe als Kind auch einige Male mitgemacht. Das Schöne ist: Wir waren uns immer sicher, entweder Geld oder Eier zu bekommen. Wir fragten natürlich immer erst nach Geld und drohten damit, die Hausfassade mit Eiern zu bewerfen. Also gaben uns die Hausinhaber entweder Geld oder, wenn sie keines hatten oder geben wollten, dann eben ein oder zwei Eier. Am Ende so einer *maškare* hatten wir dann einige hundert Eier und so viel Geld gesammelt, dass man davon eine ganze Weile überleben konnte. Und all das gaben wir dann der alten Stana. Als Dank machte sie daraus das größte Omelett, das ich bis heute gesehen habe. In einer riesigen *tepsija*, einer Brotbackform, machte sie aus bis zu 100 Eiern ein Omelette.

Ich zeigte und erzählte Marija so gut ich konnte alles, was sie über unser Dorf, über seine Menschen und ihre Eigenarten wissen musste. Marija nahm alles auf und beschloss, jedem mit der gleichen Freundlichkeit und Aufrichtigkeit entgegenzutreten, was sich bald bezahlt machte, denn in unserem Dorf, in dem es viele Streitereien gab, mochte sie bald jeder.

Die alten Leute mochten sie, die Kinder mochten sie und wahrscheinlich mochte sie selbst der große Rundov.

Aber am meisten mochte sie meine Mutter. Es gab keine Kaffeerunde, bei der sie nicht Marija in den Himmel gelobt hätte.

Die anfängliche Euphorie über die perfekte Ehefrau und Schwiegertochter wurde nur ein wenig von der Tatsache getrübt, dass Monate und schließlich auch Jahre verstrichen und Marija einfach nicht schwanger wurde.

Das hört sich jetzt vielleicht ein wenig seltsam an, aber ich kann mich nur an eine Nacht erinnern, in der mein Bruder besonders hart daran gearbeitet hat, ein Kind zu zeugen. Da das Zimmer von Ante und Marija direkt neben meinem lag, habe ich unfreiwillig zugehört. All die anderen Male müssen sie es entweder woanders versucht haben oder, wenn ich nicht zu Hause war.

Viel mehr als die Tatsache, dass es nicht klappte, obgleich sich sowohl sie als auch mein Bruder nichts sehnlicher als ein Kind wünschten, machte sie die Tatsache fertig, dass die Sache öffentlich wurde und sich jeder, aber auch wirklich jeder, unabhängig vom Grad der Qualifikation, der Familienzugehörigkeit oder der Notwendigkeit dazu berufen fühlte, ihr Ratschläge zu erteilen, was sie nun machen sollte, um ganz sicher schnell schwanger zu werden.

Ich bin ein Mann, und Gott sei Dank hat es bei mir und Karin, als wir uns dazu entschlossen hatten, auch problemlos funktioniert, aber ich war froh, nicht in Marijas Haut zu stecken.

Vom Trinken irgendwelcher dubioser Brühen über stundenlanges Rosenkranzbeten bis hin zum Baden in irgendwelchen Tümpeln: Alles wurde ihr nahegelegt und die Arme machte auch alles.

Aber sie wurde einfach nicht schwanger.

Meine Mutter ging sogar zu Fuß nach Sinj, einem etwa siebzig Kilometer entfernten Wallfahrtsort in Kroatien, und betete dort tagelang zur Heiligen Jungfrau.

Aber es klappte nicht.

Da betete meine Mutter zu einer Frau, die selbst durch den Heiligen Geist schwanger geworden war, damit diese ihrer Schwiegertochter dabei half, von ihrem Sohn schwanger zu werden. Man kann davon halten, was man will, aber in Not und Verzweiflung lassen Menschen nichts unversucht, um ihr Ziel zu erreichen.

Als auch die kaputt gelaufenen Turnschuhe und die vielen Gebete nicht halfen, klapperten Marija und mein Bruder diverse Ärzte ab, von Dr. Hasanbegović in Sarajevo, einem Moslem, aber bei diesem Anliegen sah man über seine Religionszugehörigkeit hinweg, über Dr. Rimac in Makarska, der auch keinen anderen Rat wusste als, ans Meer zu ziehen und das Klima zu wechseln, bis hin zu Dr. Šutalo in Zagreb, der beide durchleuchtete, durchstrahlte, durchspülte und durchlüftete.

Marija wurde trotzdem nicht schwanger.

Besonders kurios wurde es, als ein entfernter Bekannter ihr riet, einen Voodoo-Priester aufzusuchen. Das lehnte sie allerdings ab und wurde nach Meinung des Ratgebers deswegen auch nicht schwanger. Ich war damals einer der wenigen, die zu ihr hielten und ihren Standpunkt verteidigten. Aber auf die Meinung des kleinen Bruders gab damals kein Mensch auch nur einen Pfifferling.

Richtig schlimm wurde es, als die dörfliche Gerüchteküche anfing, unter den beiden den Schuldigen auszumachen.

Mal war sie für die Misere verantwortlich, weil sie vor Jahren an einem sonnigen, aber doch sehr frischen Tag im Frühjahr ein bauchfreies Top getragen und das ihre inneren Organen geschädigt habe, besonders die, die sie brauchte, um schwanger zu werden.

Mal war es mein Bruder, weil wir doch in der Familie einen Urururururgroßonkel hatten, der auch keine Kinder zeugen konnte, und weil sich das Gen bis zu Ante durchgesetzt hatte.

Man kann uns Bosniern wirklich viel vorwerfen, aber nicht, dass wir phantasielos sind.

Paradoxerweise war ich es, der zu jener Zeit noch kinderlose Bruder ohne Frau, der den Anstoß gab für eine Aktion, die schließlich dazu führte, dass Marija schwanger wurde.

Ich war bereits ein paar Jahre in Deutschland und erzählte meinem Bruder die Geschichte von Amina und Haris, einem Ehepaar aus Tuzla, das ich in Deutschland kennengelernt hatte.

Sie hatten es auch jahrelang versucht, riefen Allah und diverse Ärzte zu Hilfe, fasteten, tranken viel Tee und noch mehr Wasser und verloren nach zahlreichen erfolglosen Jahren beinahe den Glauben daran, jemals Nachwuchs zu bekommen. Erst als Haris aufhörte zu rauchen, klappte es in Rekordzeit.

Als ich meinem Bruder sagte, dass es vielleicht an seiner Raucherei läge, winkte er mürrisch ab und riet mir, mich rauszuhalten. Wörtlich sagte er *Ma daj, šta me jebeš?*, eine weitere dieser bosnischen Floskeln, die nicht ohne Kraftausdruck auskommt und übersetzt bedeutet „Was fickst du mich?". Damit wollte er mir nur nachdrücklich zu verstehen geben, dass ich mich aus seiner Familienplanung heraushalten solle.

Aber eine gute Idee setzt sich irgendwann dann doch durch, und so kam es auch, dass, nachdem ich schon längst wieder in Deutschland war, zuerst meine Mutter, dann irgendwelche Bekannte und schließlich auch Marija auf Ante einredeten und er zur Überraschung aller von heute auf morgen auf seine geliebten *crveni marlboro* verzichtete.

Zwei Monate später war Marija schwanger und einen regulären Schwangerschaftszyklus später war der kleine Marko da.

Aus lauter Freude über die Geburt seines Sohnes fing mein Bruder sofort wieder an zu rauchen und hörte Jahre später, wohlgemerkt ohne dass ihn jemand daran erinnert hatte, von sich aus wieder auf, als Marija wieder nicht schwanger werden konnte, obwohl sie sich sehnlich ein Geschwisterchen für Marko wünschten. Wieder einmal trennte sich Ante schweren Herzens von den Zigaretten und wieder einmal vergingen keine zwei Monate, ehe Marija mit der kleinen Lea schwanger wurde.

Nach der Geburt von Marko und Lea verschwanden die ganzen dubiosen Fruchtbarkeitsexperten aus unseren familiären Dunstkreis und für ein paar Jahre konnte jeder seine eigenen Probleme und die Konflikte mit den anderen ignorieren und voller Freude zuschauen, wie die beiden Kinder täglich größer und schöner wurden.

Besonders die Beziehung zwischen Marija und meinem Vater hat davon profitiert, denn Marija besuchte meinen Vater sehr oft.

Einer der Gründe dafür war Antes Haus. Ante hatte relativ schnell nach seiner Hochzeit angefangen, sein eigenes Haus zu bauen. Er baute es auf der *ploča*, einem Stück Land, das gefühlt seit Jahrtausenden im Besitz unserer Familie war. Für mich war die *ravna* vorgesehen, ein anderes Stück Land, auf dem ich mein Haus bauen sollte. Vor vielen Jahren war die *ploča* attraktiver, weil größer, aber seit dem Bau der neuen Umgehungsstraße, die in unmittelbarer Nähe an der kleineren *ravna* vorbeiführte, wendete sich das Blatt und so kam es, dass mein Bruder das vermeintlich unattraktivere Stück Land erbte, um sich darauf niederzulassen.

Hinzu kam, dass die *ploča* nicht ans Strom- und Wassernetzwerk angeschlossen war und er das alles aus eigener Tasche zahlen musste. Am Ende ging ihm das Geld aus und er und Marija lebten jahrelang in einem nicht vollendeten Haus, das groß angelegt war, aber nur in kleinen Schritten fertiggestellt wurde. Diese Tatsache sollte später zu großen Problemen zwischen mir, meinem Bruder und meinem Vater führen. Dabei war es mir egal, ob ich die *ravna* oder die *ploča* oder irgendein anderes Stück Land bekam.

Antes Haus blieb viele Jahre provisorisch. Es sah von außen eher wie eine Baustelle als ein trautes Heim aus. Marija pflanzte zwischen die Berge von Sand und die Zementblöcke hier und da mal eine Blume und versuchte so, den Kindern ein schöneres Zuhause zu geben.

Da Antes Haus aber nicht nur optisch hinterherhinkte, sondern auch noch weit ab vom restlichen Dorf lag, kam es zwangsläufig dazu, dass Marija oft zum Haus meiner Eltern ging und mein Vater so die beiden Kinder sehr oft sah. Und laut Marijas Erzählungen genoss es mein Vater sehr, mit seinen Enkeln zu spielen und mit ihnen Lieder zu singen. Doch am meisten freuten sich die Kinder darüber, wenn sie mit meinem Vater in den Hühnerstall gehen konnten und er dort ein Küken für sie holte, das die Kinder streicheln durften.

Das erste Mal, als mein Vater vor den beiden ein Küken mit seinem Gesicht, insbesondere mit seiner Nase, liebkost hatte, kam damals der kleine Marko zu Marija und berichtete, dass der Großvater nachgeschaut habe, ob das Küken stinkt. Dass dem nicht so war, wurde ihm spätestens dann klar, als er sein kleines Näschen selbst an die flauschigen Federn des Kükens hielt. Marija hat damals sehr gelacht, als Marko ihr die Geschichte vom Geruchstest erzählte, und ich habe viel gelacht, als Marija sie wiederum mir erzählte.

Ich habe sie einmal gefragt, ob mein Vater nicht auch schon vor den Kindern betrunken war. Sie sah mich würdevoll an und sagte nur, dass er sich immer so verhalten habe, wie sich das eine Schwiegertochter von ihrem Schwiegervater wünschen könne. Sie wusste auch, dass er manchmal so betrunken war, dass er sich nicht wehren konnte, wenn die Kinder auf ihn sprangen und ihn dabei förmlich niederrangen. Aber so hat sie das nie ausgesprochen. Sie sagte immer, dass er sich nicht wehren wollte und dass er die Kinder absichtlich gewähren ließ.

Ich bewundere Marija sehr. Für ihre Art, für den Respekt, den sie meiner Familie und ganz besonders meinem Vater entgegenbringt, und für die Ehrlichkeit und Aufrichtigkeit, mit der sie Karin und mir begegnete. Und immer noch begegnet.

Ich weiß nicht, wie oft ich mir schon gewünscht habe, mein eigener Bruder hätte sich etwas bei seiner Frau abgeschaut.

Ante war der Erstgeborene und damit auch derjenige, auf den alle starrten. Schon lange bevor er auf die Welt kam, war Ante in aller Munde. Sein Name stand lange vor seiner Geburt fest und eigentlich war auch klar, wie er aussehen würde und nach wem er geraten würde.

Er würde sicherlich aussehen wie der verstorbene Urgroßvater Marko, der den Geschichten nach ein großer, kräftiger, schneidiger Mann war, den Jung und Alt liebte und der so ziemlich alles konnte und jeden kannte. Ante durfte von diesem Idealbild nicht abweichen und falls doch, dann würde man die Augen davor verschließen und über die Mängel hinwegsehen. Und sollte jemand anders es wagen, irgendetwas Beanstandenswertes an ihm zu finden, dann würde man ihn mit Wortsalven bombardieren, um ihn davon abzubringen.

Sofort nach seiner Geburt sah man ihm schon Dinge und Fähigkeiten an, die ein Neugeborenes unmöglich haben oder können kann.

Es ging nahtlos weiter, indem man ihm stets vor der Zeit Dinge abverlangte, nur um die eigene Geschichte vom Überstammhalter rechtfertigen zu können. So konnte Ante schon mit sieben Monaten laufen, hatte noch vor dem ersten Geburtstag alle Zähne und so viele Haare, dass man sie ihm im Wochenrhythmus schneiden musste. Im Dorf gehörte er zu den Stärksten und Klügsten, und vor seinem Genie und seinem Mut zitterten nicht nur die Gleichaltrigen, sondern sogar die Kinder, die einige Jahre älter waren.

Spätestens in der Schule hätte diese Geschichte allerdings eine Wendung nehmen und aus dem Superkind Ante hätte ein durchschnittlicher Schüler werden müssen. Da Schulnoten ihrer Natur nach nun mal nicht interpretierbare Größen sind, ließ man davon ab, Antes Schulnoten schönzureden, sondern konzentrierte sich darauf, seine außerschulischen Qualitäten und Talente in den Himmel zu loben. Demzufolge war Ante auch der Erste, der einen Traktor fahren konnte, der Erste, der alleine ein ganzes Feld bestellen konnte, der Jüngste, der jemals einen Laster gelenkt hatte, und der Schnellste beim Fußball.

Meine Mutter und die anderen Frauen in unserer Familie, unserem Dorf und unserer Verwandtschaft schnürten diese Wahrheiten und Lügen zu einem Idealbild zusammen, dem Ante bis heute nicht gerecht geworden ist.

Die Streitigkeiten zwischen Ante und meinem Vater fingen an, als manche meinten, Ante sei schon ein richtiger Mann und damit ein legitimer Nachfolger unseres Vaters. Realistisch gesehen war Ante aber gerade mal der Pubertät entwachsen, als er schon ermutigt wurde, unserem Vater die Stirn zu bieten, selbst dann, wenn es überhaupt keinen Grund dazu gab.

Ob gewollt oder ungewollt, ob gerechtfertigt und ungerechtfertigt, ob gerecht oder ungerecht: Ich kann mich heute an mehr Situationen erinnern, in denen sich mein Vater und mein Bruder gestritten haben, als an solche, in denen sie sich einig waren.

Es fing damit an, dass mein Vater Ante auf den Teppich holen wollte, als er wieder einmal durch die falschen Ermutigungen unseres Umfelds zu einem Höhenflug ansetzte.

Mein Vater wollte Ante begreiflich machen, dass er nicht unbesiegbar war, doch welcher Teenager will das schon hören?

Waren sich alle einig, dass Ante schon perfekt dies oder jedes konnte, dann wollte ihn mein Vater darauf hinweisen, dass er dies oder jenes durchaus noch hätte besser oder langsamer tun können oder gar nicht hätte zu machen brauchen.

Als der Krieg über unsere Heimat hereinbrach und mein Bruder sich dazu auserkoren sah oder auserkoren wurde, ein Held unserer Nation zu werden, gab sich mein Vater redlich Mühe, ihn davon zu überzeugen, dass Heldentum nichts ist, das man anstreben sollte.

Als mein Bruder sich reif genug sah, sein eigenes Haus zu bauen, versuchte mein Vater, ihm nahezulegen, sich noch ein paar Jahre zu gedulden, bis er genug Geld hatte, um ein derartiges Projekt auch zu Ende zu führen.

Jedes Mal, wenn mein Vater einfach nur Vater sein wollte, wollte Ante ums Verrecken nicht der passende Sohn sein. Vielmehr war er in solchen Situationen dann einer von vielen, die meinem Vater seinen übertriebenen Alkoholkonsum vorhielten.

Und so ging das jahrelang.

Der junge Löwe gegen den alten Löwen, der Selbstüberschätzer gegen den Säufer.

Dass es in diesem Kampf keinen Gewinner, sondern lediglich zwei oder auch mehr Verlierer geben kann, war jedem klar. Aber weder der eine noch der andere wollte dies wahrhaben, und mit den Jahren gab es immer weniger von denjenigen, die sich verpflichtet sahen oder mutig genug waren, sie darauf anzusprechen.

Wenn du in eine solche Konstellation hineingeboren wirst und charakterlich so beschaffen bist, wie ich es bin, dann hast du verdammt schlechte Karten.

Ein weiser Mann sagte einmal zu mir: Wen interessiert es schon, wer das Haus abgefackelt hat, wenn man vor den ausgebrannten Ruinen steht?

Ich tat mein Bestes und versuchte stets, für keinen der beiden Partei zu ergreifen. Auch wenn ich beiden hätte vieles vorwerfen können, am Ende des Tages waren sie dann doch mein Vater und mein Bruder.

In Bosnien gibt es ein Sprichwort: *Taman da je crni Cigo, boljeg nemaš*. Wörtlich übersetzt bedeutet es so viel wie „Selbst wenn er ein schwarzer Zigeuner ist, nimm ihn so an, wie er ist, denn einen besseren hast du nicht."

Ich mag diese diskriminierende Formulierung nicht, aber wie sagt man in Deutschland so schön: Seine Verwandtschaft kann man sich nicht aussuchen.

Also folgte ich dem Ratschlag des Altkanzlers Adenauer, in dem er uns allen geraten hatte, sich nicht über die Menschen zu beschweren, weil wir andere nicht haben, und nahm sie beide so, wie sie waren. Diese passive Einstellung bescherte mir eine Jugend, die geprägt war von kurzen, ruhigen Phasen und langen, umso heftigeren Zusammenstößen.

Ich war der Zweitgeborene, und ob dies mein Glück oder mein Pech ist, wird unterschiedlich gesehen.

Ich für meinen Teil, und wenn es um mein Leben geht, sollte mein Teil der Einzige sein, der zählt, habe es immer schon als einen Segen betrachtet, dass ich nach Ante auf die Welt gekommen bin.

Auch wenn es in Livno die eine oder andere böse Zunge gibt, die behauptet, ich sei das Produkt einer durchzechten Nacht und völlig ungewollt gezeugt, dann kann ich wieder nur meine und somit die einzig gültige Meinung vortragen: Ich habe mich stets gewollt gefühlt, sowohl von meinem Vater als auch von meiner Mutter.

Das Schicksal oder die Gene wollten es, dass ich ein wenig schmächtiger und schwächer war als mein Bruder im vergleichbaren Alter. Ich bin mir vollkommen sicher, dass ich zu jeder Zeit kerngesund und völlig normal entwickelt war, aber ich erlernte das Laufen erst mit dreizehn Monaten, kämpfte mit Tränen gegen Zahnungsschmerzen und selbst mein Haar musste nur alle paar Monate geschnitten werden.

Ich erlernte das Traktorfahren erst in einem Alter, in dem andere Kinder dies auch taten, und riss mich nie darum, selbstständig einen ganzen Acker zu bestellen. Und mein Haus habe ich bis heute nicht gebaut.

Ich will auch nicht so feige sein und die Probleme zwischen mir und meinem Bruder den Tratschweibern zuschieben, denn eine in Bosnien häufig gebrauchte Redewendung besagt, dass man „es nicht zulassen darf, dass sie dich in dein gesundes Gehirn ficken."

Ne daj, da te jebu u zdrav mozak.

Was der gemeine Bosnier damit zu sagen versucht, ist, dass jeder von uns es selbst in der Hand hat, was er macht, was er unterlässt und wozu er sich anstacheln lässt.

Mein Bruder und ich waren noch Kinder und somit die Letzten, die sich von jemandem dazu hätten anstacheln lassen, auf den anderen loszugehen. Aber wir waren, wie alle Menschen, das Produkt der Umstände, in denen wir lebten, und diese wollten, dass Ante stets der Erste, der Beste und der Schönste war.

Es fing damit an, wer von uns beiden als Erster ein Vehikel lenken konnte, und selbstverständlich war es mein Bruder, der diesen nennen wir es „Wettbewerb" gewann. Es ging weiter über das kindliche Armdrücken, und auch hier zog ich den Kürzeren. Über die Jahre unserer Kindheit hinweg war Ante immer der Bessere, der Stärkere und damit der Auserkorene, den Namen unserer Familie in die nächste Generation zu tragen. Dieser Wetteifer nach Ruhm und Anerkennung setzte sich auch in einer Zeit fort, als wir beide Interesse am anderen Geschlecht zeigten.

Kriegte mein Bruder oder irgendjemand anderes mit, dass mir ein Mädchen gefiel, dann war es nur eine Frage der Zeit, bis er mich auslachte und mir versicherte, dass ich bei dem Mädchen nicht landen könne, denn es würde sowieso auf ihn stehen.

Als alle Jungs in unserem Dorf davon träumten, Suzana an den Busen zu fassen, war Ante der Einzige, der immer so tat, als ob er dies schon längst getan hätte. Dabei wissen wir spätestens seit dem Ende des Krieges alle, dass der einzige Kerl, der erwiesenermaßen Suzana an den Busen fassen darf, ein Kerl aus Ostdeutschland ist, der auf den Namen Kevin hört.

Unser nächster persönlicher Kriegsschauplatz spielte sich im Krieg ab. Selbstverständlich konnte Ante mit jeder Waffe umgehen und hat die heftigsten Kämpfe überlebt.

Ich dagegen saß einfach nur in Livno herum und versteckte mich in den Luftschutzbunkern.

Als es darum ging, einen Beruf zu wählen, den wir im besten Falle ein Leben lang ausüben wollten, wusste Ante schnell und viel früher als ich, was er werden wollte.

Diese Geschichte könnte man ewig so weiter spinnen, und immer würde ich denjenigen abgeben, der weniger gescheit, weniger attraktiv, weniger mutig oder weniger entschlossen war. Doch das Beste an der Geschichte ist, dass sich kaum jemand ausmalen kann, wie gleichgültig mir das war und auch heute noch ist.

Ich wäre ein Lügner, wenn ich sagen würde, dass ich nicht von Zeit zu Zeit einen Vergleich ziehe, um eine Sache, eine Situation oder einen Menschen einordnen zu können. Um ehrlich zu sein, tue ich das verhältnismäßig häufig. Aber ich vergleiche Situationen aus der Vergangenheit mit Herausforderungen der Gegenwart und versuche das Aktuelle zu meistern, indem ich mich ans Vergangene erinnere. Wie haben wir beim identischen Automodell dies oder jenes gemacht und worauf müssen wir achten? Welche Route bin ich damals gefahren, als ich dort und dort hinwollte, und warum habe ich das damals so gemacht? Wie habe ich das Fleisch damals zum

Grillen mariniert und was ist an dem heutigen Grillgut anders, da es noch besser schmeckt?

Das sind Vergleiche, die ich ständig ziehe. Aber wer wie viel verdient, wer wie viel gebaut hat, wer wie viel gesehen hat, war mir schon immer gleichgültig. Ein hedonistischer Chauvinist mit ausgeprägtem Konsumverhalten wird mich auch nicht zu mehr Konsum verleiten. Und ein überzeugter Gutmensch wird mich auch nicht dazu bewegen, alles aufzugeben, mir Sandalen anzuziehen und das Gute auf der Welt zu predigen. Manche nennen dies Arroganz, andere Herzlosigkeit. Ich habe keinen Namen dafür, aber eine umso plausiblere Erklärung für meine Einstellung. Ich vergleiche mich nicht mit anderen Menschen und sie sind mir größtenteils egal, weil ich genug mit mir selbst zu tun habe. Ich bin ein Bosnier, und um es mit den Worten des großen Ivo Andrić zu sagen: „Vor deiner Herkunft und deiner Kindheit kannst du nicht fliehen."

Davon bin ich überzeugt.

Nachdem ich 1996 Livno verlassen und somit auch die Möglichkeit verloren hatte, stets auf dem Laufenden zu sein, war es Marija, die mich während meiner seltenen Besuche über die Entwicklungen unterrichtete.

Sie berichtete mir davon, dass Ante von Zeit zu Zeit auch mal eine Tour nach Deutschland bekam und dass er ihr dann nach seiner Rückkehr erzählte, dass er am Rasthof Sindelfinger Wald übernachtet habe, aber sich niemals bei mir gemeldet habe, obwohl ich nur wenige Kilometer entfernt in Stuttgart lebte.

Sie erzählte mir davon, wie peinlich es ihr war, wenn Ante seinen Vater wie einen streunenden Hund vom Hof jagte, wenn dieser vorbeikam und ihm nahelegte, darüber nachzudenken, den Beruf des

Fernfahrers aufzugeben und gegen etwas einzutauschen, was besser für ihn und seine Familie wäre.

Im gleichen Atemzug erzählte sie mir, wie mein Vater weinend in seinen Erinnerungen die *Doruša* lenkte und sich in Zeiten wiederfand, in denen Ante als kleiner Junge neben ihm im Führerhaus gesessen hatte. Während der kleine Junge seinem Vater erzählte, dass auch er eines Tages einen Laster fahren wolle, erwiderte ihm der Vater, dass er eines Tages einen viel besseren und größeren Laster fahren würde.

Wie recht er doch haben sollte!

Marija weinte leise, als sie mir davon erzählte, dass mein Bruder immer wieder davon sprach, dass er sich wünschen würde, seine nächste Tour würde ihn irgendwo hinführen, wo niemand unseren Vater und seine Trunksucht kannte.

Jedes Mal, wenn sie mir eine neue Geschichte erzählte, die ich am liebsten nie gehört hätte, litt auch ich, aber ich wusste, dass es keinen Sinn machte, einzugreifen. Und wenn es das Leben wollte, dass mein Bruder und ich miteinander zu sprechen versuchten, dann bestätigte sich all das Trennende und machte sich so breit, dass das Gute niedergeschlagen zurückstecken und warten musste, bis die Zeit reif war, damit es erhört würde.

Als ich meinem Bruder davon erzählte, wie ich mich in Deutschland einzufinden begann, bekam ich kein Wort der Anerkennung zu hören.

Ganz im Gegenteil.

Jede meiner kleinen Geschichten, die ich als Erfolg erlebte, wurde von meinem Bruder im Keim erstickt.

Erzählte ich davon, dass einfache Arbeiter, zu denen ich mich auch heute noch zähle, in Deutschland zumindest respektiert und geachtet werden, bekam ich zu hören, dass er genau wisse, warum Menschen wie ich letztendlich in Deutschland geduldet würden. In seinen Augen waren wir nur dazu da, um Scheiße zu fressen und den Dreck wegzuräumen, den die Deutschen hinterließen.

Erzählte ich ihm von dem reichhaltigen Kulturangebot, das jedermann für verhältnismäßig kleines Geld zur Verfügung stand, fühlte er sich sofort persönlich angegriffen und warf mir vor, dass ich ihn und alle Menschen in meiner Heimat als Banausen abstemple. Mehr noch, er erinnerte mich daran, dass auch ich vor meiner Ausreise nach Deutschland einer dieser ungebildeten, ja sogar zurückgebildeten Affen gewesen sei, die von Baum zu Baum sprangen und nicht richtig lesen und schreiben konnten.

Jeder Versuch, ihn an meinem Leben teilhaben zu lassen, endete in einem Desaster. Irgendwann beschloss ich, ihm überhaupt nichts mehr zu erzählen.

Mit den Jahren wurden wir uns immer fremder und fremder, obgleich wir genug voneinander wussten, um das zu sein, was wir waren: Brüder.

Was verloren ist, kann man nicht mehr zurückholen. Und die Jahre, in denen mein Vater, mein Bruder und ich aneinander vorbei lebten und wenig vom anderen hatten, können wir nicht nachholen. Ich frage mich manchmal, ob eine totale Funkstille, also ein totales Desinteresse an dem anderen, nicht besser gewesen wäre. Aber das werde ich wohl nie erfahren.

Ich habe inzwischen Ljubljana passiert und bin auf der Autobahn nach Zagreb an der Ausfahrt Novo Mesto abgefahren. Mein Ziel ist der Grenzübergang Metlika, den die wenigsten kennen. Erst recht, seit die Nord-Süd-Autobahn in Kroatien fertiggestellt ist und jedes Navigati-

onssystem einem nahelegt, von Ljubljana nach Zagreb und dann weiter auf der A1 nach Süden in Richtung Split zu fahren. Aber neben den alten Gastarbeitern, von denen die meisten mittlerweile pensioniert sind und diese Strecke sowieso nicht mehr fahren, gehöre ich zu den wenigen, die diese Route überhaupt noch kennen.

Mir wurde sie vor Jahren von einem alten Gastarbeiter empfohlen und ich habe sie als willkommene Abwechslung nach stundenlanger Autobahnfahrt gesehen.

Jedes Mal, wenn ich die Serpentinen der slowenischen Hügellandschaft zwischen Novo Mesto und Metlika bezwinge, nehme ich mir vor, einen Motorradführerschein zu machen und im nächsten Jahr diese Strecke mit dem Motorrad zu fahren.

Vielleicht nicht unbedingt im Winter wie jetzt, wo ich nur links und rechts auf der Straße rutsche, sondern eher im Sommer, wenn die Straße trocken ist und der Reifen die Chance hat, auf ihr zu haften. Aber jedes Jahr verblasst dieser Wunsch schon nach wenigen Kilometern und ist spätestens dann, wenn ich ins Tal und nach Metlika hineinfahre, komplett verschwunden.

Das kleine Städtchen ist schnell passiert. Zu meiner Schande muss ich zugeben, dass ich eigentlich nichts über Metlika weiß, denn seit Jahren folge ich immer nur den Schildern, die mich nach Hrvatska, also nach Kroatien, führen, und schenke Metlika überhaupt keine Beachtung.

Obgleich ich unzählige Male durch Metlika gefahren bin, weiß ich nichts über diese Stadt zu berichten.

Man könnte doch einfach mal an der Kreuzung anders abbiegen und dem Schild folgen, das ins Zentrum führt. Dort irgendwo etwas essen gehen oder auch nur einen Zwischenstopp einlegen und sich die Beine vertreten. Da wird es doch sicher sowas wie eine Fußgängerzone geben.

Aber noch ehe ich diesen Gedanken zu Ende gesponnen habe, sehe die slowenisch-kroatische Grenzanlage vor mir und fahre die lang gezogene Kurve, überquere den Fluss und halte Ausschau nach dem nächsten Schild, auf dem „Karlovac" steht.

Während ich die Kilometer dorthin abspule, muss ich am meinen Bruder denken. Irgendwo auf dieser Straße hat er damals von meinem Vorhaben erfahren, die mir versprochene ravna zu verkaufen.

Er hatte wohl gerade eine Tour nach Kroatien gehabt und nach Hause telefoniert. Marija hatte ihm erzählt, dass ich nach Livno gekommen sei und unseren Vater gefragt hätte, ob ich nicht das Stück Land, das mir nach seinem Tod zustünde, noch zu seinen Lebzeiten verkaufen könne, um mir von dem Geld ein eigenes Häuschen in Deutschland bauen zu können.

Ante muss getobt und geflucht haben, wie das höchstwahrscheinlich nur ein Bosnier kann. Wenn ich ehrlich bin, will ich gar nicht wissen, welche Worte seine Lippen damals verlassen haben. Aber mehr als Worte machten mir die Gedanken Sorgen, die er damals diesbezüglich gehabt haben muss.

Ich will gar nicht wissen, was ich in seinen Augen damals alles war. Ein Verräter, ein Schlappschwanz, ein gieriger Mistkerl sind nur einige meiner Vermutungen.

Machte er sich im einen Satz noch Sorgen über das Land unserer Familie, das ich in seinen Augen verscherbeln wollte, griff er im nächsten Satz schon unseren Vater und damit auch unsere Familie an und warf ihm vor, ihn ungerecht behandelt zu haben, als er sein Haus bauen wollte.

Er habe damals unseren Vater nach der *ravna* gefragt und unser Vater habe seinen Wunsch zurückgewiesen mit der schlichten Begründung, dass für ihn schon immer die *ploča* vorgesehen war.

Die Wahrheit liegt jedoch woanders begraben.

Er hatte meinen Vater weder nach der *ravna* gefragt noch interessierte sie ihn. Er wollte einfach das machen, was er sehr gut konnte: austeilen. Und in solchen Augenblicken, die getränkt waren von Neid, Gier und lebhafter Phantasie, war ihm dafür jedes Mittel recht.

Wenn ich heute an jene Tage zurückdenke, will ich nicht sagen, dass ich ihn verstehen kann. Denn das kann ich nicht. Aber ich kann mir erklären, dass es einen Sinn macht, auch wenn es weit entfernt ist von Sinnhaftigkeit.

Mein Bruder hatte mir nie zugehört, und falls doch, dann wollte er es nie wahrhaben, dass ich mit Livno abgeschlossen hatte und mein Leben nun an der Seite meiner Frau in einem anderen Land führen wollte. Unserem Vater hörte er schon lange nicht mehr zu und es kam ihm nicht einmal in den Sinn, dass auch er seine Probleme damit haben könnte, dass ich als sein Sohn das Land der Familie verkaufen wollte. Mein Bruder sah zu jener Zeit nur sich selbst und nutzte jede Gelegenheit, um von seiner Unzufriedenheit auf Kosten anderer abzulenken.

Dabei war das das Letzte, woran ich dachte, als ich damals nach Livno fuhr.

Es war im Jahr 2006. Menschen aus aller Herren Länder fuhren nach Deutschland, um zu Gast bei Freunden zu sein und sich das eine oder andere Spiel anzuschauen, das im Rahmen der Fußballweltmeisterschaft stattfand.

Ganz Deutschland erlebte sein Sommermärchen, als ein gewisser Klinsi und ein gewisser Jogi die besten Fußballer Deutschlands darauf einschworen, im eigenen Land Weltmeister in der wichtigsten Nebensache der Welt zu werden.

Im Radio lief ständig ein Lied, das an die gewonnenen Meisterschaften von 1954, 1974 und 1990 erinnerte und dazu aufforderte, es auch 2006 wieder passieren zu lassen. Die Straßen glichen einem kunterbunten Bilderbuch und die Sportgeschäfte freuten sich über Rekordumsätze aus den verkauften Trikots von Schweini, Lampard, Ronaldo oder Zidane. Am Abend des Halbfinalspiels zwischen Frankreich und Portugal stieg ich damals ins Auto und fuhr nach Livno.

Als ich am nächsten Tag im Morgengrauen in Livno ankam, lenkte ich den Wagen nicht sofort zu meinem Elternhaus, sondern drehte erst noch ein paar Runden in der Stadt.

Vorbei an der alten *ćevabdžinica* des Orman, wo ich als Kind in der großen Pause immer meine kleinen *ćevapi* gekauft hatte. Ich stattete auch dem Cafe „Stop" einen frühmorgendlichen Besuch ab und trank einen Kaffee mit meinen alten Freund Nikola, den ich seit Ewigkeiten kenne und der dort als Kellner arbeitete.

Danach ging ich zum Duman, der Quelle unterhalb des Bašjakovac-Berges, wo die Bistrica, einer der drei Flüsse, die durch und um Livno fließen, entsprang, und sah von der alten steinernen Brücke aus dem quellfrischen Wasser zu, das sich seinen Weg zwischen den uralten Häusern im nördlichen Teil der Stadt bahnt.

Ich machte auch einen Abstecher zur *pijaca*, dem Ort, an dem sich meine Eltern kennengelernt hatten, und sah den Obst- und Gemüsehändlern aus der Herzegowina zu, wie sie ihre kleinen Laster entluden und ihre Waren an den steinernen Verkaufsständen aufbauten.

Zu guter Letzt lief ich noch eine Runde auf dem Schulhof der Ivan-Goran-Kovačić-Schule, die ich selbst vor vielen Jahren besucht hatte, und sah ein paar Minuten ihrem kontinuierlichen Verfall zu.

Gegen zehn Uhr stieg ich schließlich ins Auto und fuhr zu meinem Geburtsdorf.

Als ich den Wagen vor dem alten Haus meiner Eltern unter dem alten Pflaumenbaum abstellte, zitterten mir ein wenig die Knie. Aber ich wusste, dass es kein Zurück mehr gab.

Durch die Autoscheibe sah ich zwischen toten Fliegen und Mücken den Garten, in dem ich mit meinen Freunden und Verwandten Verstecken und Fangen gespielt hatte. Ich entdeckte das alte Tor, das eigentlich nur eine Konstruktion aus Rohren war, die uns der alte Jokin mit seinem uralten Apparat zu einem Tor zusammengeschweißt hatte. Der zertretene Rasen verriet mir, dass dort wahrscheinlich Antes Kinder auch heute noch kickten. Ich blieb noch einige Augenblicke im Auto sitzen und wartete insgeheim darauf, dass jemand aus dem Haus kam und mich willkommen hieß.

Aber es kam niemand.

Ich stieg vorsichtig aus und schloss die Tür leise hinter mir. Gerade so, als ob ich niemanden wecken wollte.

Im Nachbargarten saß der alte Gavran unter einer alten Linde und ich fragte mich, ob er dort vielleicht auch übernachtete, denn wann auch immer ich hinüberblickte, saß der alte Gavran da. Mit erhobener Hand begrüßte ich ihn mit „*Faljen Isus*“, was wörtlich „Gelobt sei Jesus“ heißt, aber eigentlich auch so etwas war wie „Grüß Gott“. Der alte Gavran hob seine uralte Hand und sagte leise „*Uvik bio*“, was eigentlich „Das soll er für alle Ewigkeit sein“ bedeutete, aber auch schlicht und einfach „Grüß Gott“.

Ich war ganz froh, dass der alte Gavran kein besonders gesprächiger Mensch war, also gelang es uns, schon mit dem nächsten Satz unser Gespräch zu beenden. Ich fragte ihn „*Oće li rađa?*“, was bedeutet „Wie läuft die Arbeit?“. So etwas fragte man natürlich nur jemanden, der auch etwas arbeitete, und sicher keinen alten Mann, der tagaus, tagein unter der alten Linde saß und den Leuten zusah, wie sie ihr Leben lebten. Dementsprechend fiel auch seine Antwort aus: „*Aj Boga ti u kurac*!“ Man kann das nicht wortwörtlich übersetzen, aber es bedeutet so viel wie „Scher dich zum Teufel und lass mich in Ruhe!“

Ich lachte, denn ich wusste, dass er mir nicht böse war, und hob meine Hand zum zweiten Mal, diesmal, um mich zu verabschieden. Der bosnische Humor half ein wenig gegen die Nervosität.

Ich drehte mich um, zum Haus meiner Eltern.

Es ist ein altes Haus, das mein Vater nach bestem Wissen und Gewissen vor vielen Jahren selbst gebaut hat. Die Jahre waren nicht spurlos an ihm vorübergegangen. Die drei Stufen zum Haus waren eingefallen und die einst weiß glänzende Fassade war ergraut.

Die einst schöne Haustüre aus Holz war mittlerweile völlig farblos. Ich stieg die Treppe hinauf, drückte die alte Türklinke hinunter und öffnete vorsichtig die Tür.

Vor mir erstreckte sich der Flur mit den alten *ćilimi*, einer Art gewebter Teppichrollen. Leise sagte ich „*Faljen Isus*“, aber niemand antwortete mir. Stattdessen wurde ich von einer Stille begrüßt, die etwas Trauriges und Melancholisches hatte.

Ich ging bis zur Mitte des Flures, vorbei am Schlafzimmer meiner Eltern, vorbei an der Speisekammer und den Jugendzimmern von mir und meinem Bruder, und steuerte das Wohnzimmer an. Die Tür stand weit offen und nachdem ich es betreten hatte, war mir klar, dass niemand zu Hause war.

Zwar konnte ich nicht sagen, wo meine Mutter war, aber ich wusste genau, wo ich meinen Vater suchen musste.

Ich ging hinaus, schloss die Haustüre hinter mir zu und steuerte, ohne nachzudenken, das uralte Haus meines Großvaters an, das mein Vater nach dessen Tod geerbt hatte.

Es befand sich am anderen Ende des Ackers, etwas fünfzig Meter entfernt vom Haus meiner Eltern. Ich blickte zum alten Gavran, der immer noch seelenruhig unter der alten Linde saß, und ohne Worte, lediglich mit einer kleinen Kopfbewegung, bestätigte er meine Ahnung.

Ich lief am Acker entlang und stand schließlich vor dem alten Haus meines Großvaters.

Im Vergleich zu diesem Haus war das Haus meiner Eltern eine moderne Villa.

Erbaut irgendwann Anfang des vorletzten Jahrhunderts, war es für viele Generationen in unserer Familie ein Zufluchtsort gewesen, in dem sie die Nähe der Familie suchten und fanden. Doch irgendwann waren sie alle ausgezogen oder gestorben und das Haus zeigte erste Verfallserscheinungen. Fast so, als ob es uns sagen wollte, dass es verstanden hatte, dass es niemand mehr als Zuhause sah und suchte. Dabei hatte es unrecht, denn es gab tatsächlich einen Menschen auf dieser Welt, der noch viele Jahre darin Ruhe und Geborgenheit suchte.

Ich schob die uralte Tür auf und betrat die *stara kuća*. Der Boden knarrte und es roch nach Verfall, Alter und Verlassenheit.

Ich bog instinktiv nach links ins Wohnzimmer ab.

Die Tür stand halboffen und durch den Türspalt konnte ich den alten Holzofen sehen. Ich öffnete vorsichtig die Tür und fand meinen Vater schlafend auf der uralten Holzbank vor. Er lag da, die Decke, mit der er hätte zugedeckt sein sollen, neben sich auf dem Boden. Die einzigen Geräusche, die die Stille durchbrachen, waren das rhythmische Ticken der alten Wanduhr und das schwere Atmen meines Vaters.

Ich musste ihn nicht wecken, um zu sehen, dass er seinen Rausch ausschlief.

Eine Alkoholwolke umgab ihn.

Leise setzte ich mich neben den Schlafenden auf einen Holzstuhl und sah ihn eine ganze Weile nur an. Er hätte zu Hause eine Couch gehabt und sicherlich auch etwas zu essen, aber er verzichtete darauf, um alleine auf einer Holzbank zu liegen, in einem Haus, das ihn jeden Moment unter sich begraben konnte.

Ich versuchte nicht, zu verstehen, warum er das tat. Und ich hatte nicht den Mut, ihn danach zu fragen. Also saß ich neben ihm und wünschte mir, wir wären beide nicht dort, und fragte mich, wo meine Mutter war.

Wahrscheinlich war sie bei irgendeiner Dorftante zum Kaffeetrinken. Kaffeetrinken gehört in Bosnien zu den Dingen, die du lernst, noch bevor du in die Schule kommst.

Kaffee wird immer und überall getrunken. Den ersten Kaffee trinkst du, sobald der Holzofen genug Hitze abgibt, um eine *đezva*, eine bosnische Kaffeekanne, mit Wasser zu erhitzen. Wenn das Wasser kocht, gießt man ein *fildžan*, eine bosnische, henkellose Kaffeetasse kochenden Wassers ab, verrührt frisch gemahlenen Kaffee mit dem restlichen Wasser in der *đezva*, kocht das Gemisch auf, bis es schlagartig aufgeht, und spült mit dem heißen Wasser aus dem *fildžan* den Löffel ab, mit dem man den Kaffee untergerührt hat.

Am Ende hat man eine randvolle *đezva* mit feinstem Mokka, einen sauberen Löffel und einen vorgewärmten *fildžan.*

Wofür man ansonsten eine sündhaft teure italienische Kaffeemaschine braucht, das erledigt man in Bosnien mit ein wenig heißem Wasser, einer *đezva* und ein wenig Hitze vom Holzofen.

Den nächsten Kaffee trinkst du beim Nachbarn, den du abholst, damit ihr zum Beispiel in die Stadt zum Einkaufen oder aufs Feld zum Arbeiten geht.

Wenn rein zufällig auf dem Weg zur Stadt oder zum Feld eine *birtija* oder eine *kafana*, ein bosnisches Kaffeehaus, liegt, trinkst du dort einen weiteren Kaffee. Diesen Kaffee nennt man in Bosnien *putnička*, also einen Kaffee für Reisende, da man ja lediglich auf der Durchreise ist.

Angekommen am Feld oder in der Stadt erledigt man, was erledigt werden muss, isst zu Mittag und zur besseren Verdauung trinkt man nochmal einen Kaffee.

Am Nachmittag ist man meistens mit irgendjemandem verabredet, zum Kaffeetrinken natürlich.

Den letzten Kaffee des Tages trinkt man abends, wenn jemand zu Besuch kommt. Und in Bosnien kommt immer jemand zum *silo*, dem abendlichen Beisammensein und Fernsehen.

Meine Mutter war wahrscheinlich gerade beim Vormittagskaffee bei irgendeiner Tante, bei der die Ereignisse von gestern mit den Launen von heute vermischt wurden, um daraus die Wahrheiten von morgen zu formen und zu verbreiten. Ich nahm ihr das auch nicht übel, denn das Ratschen und Tratschen gehört in Bosnien zur Bürgerpflicht.

Ich nahm ihr nur übel, dass sie das nicht mit meinem Vater tat, denn ich kann mich an Zeiten erinnern, als sie noch gemeinsam eine große *đezva* Kaffee kochten und an einem Tisch saßen. Ich weiß auch, dass neben seinem *fildžan* meistens noch ein Schnapsglas stand, aber am besten weiß ich, dass sie gemeinsam an einem Tisch saßen.

Ich weiß auch, dass sie sich manchmal anschwiegen und manchmal auch stritten, aber in Gottes Namen: Sie saßen gemeinsam an einem Tisch.

Ich glaube, nein, eigentlich bin ich mir ziemlich sicher, dass die beiden aufhörten, gemeinsam Kaffee zu trinken, als mein Vater zwangspensioniert wurde.

Es war kurz nach Kriegsende und diverse bosnische Katholiken, Orthodoxe und Moslems wurden von der Weltgemeinschaft schriftlich dazu verpflichtet, fortan friedlich miteinander in einer Demokratie zu leben. Ich frage mich, ob die Weltgemeinschaft das ernst gemeint haben kann, denn es braucht mehr als nur eine schriftliche Anweisung, um Frieden unter Feinden und Wohlstand für alle herbeizuführen. Denn genau das war es, was die katholischen Anführer der bosnischen Katholiken ihren Leuten, was die orthodoxen Anführer der bosnischen Orthodoxen ihren Anhängern und die muslimischen Anführer den muslimischen Bosniern als Belohnung für die Teilnahme am und im Krieg versprochen hatten.

Wenn der Krieg erst einmal vorüber sei und die Feinde über die Drina, nach Beli Zagreb Grad oder sonstwohin aus Bosnien heraus vertrieben seien, dann werde es Frieden und Wohlstand für die Sieger geben.

Man muss kein Experte sein, um zu wissen, dass dies nirgendwohin führte.

Jeder von uns wünscht sich doch ein Land, in dem er friedlich leben und erfolgreich arbeiten kann. Und wenn einem von der Propaganda dieser Traum um sogenannte höhere Werte wie Vaterlandsliebe und Gotteswillen ergänzt und wirksam verkauft wird, dann glaubt man eben dran. Anders kann ich es mir nicht erklären, dass mein Vater, mein Bruder, ich selbst und Tausende und Tausende anderer Menschen in Bosnien nach Kriegsende so desillusioniert waren.

Und viele es immer noch sind.

Als der Krieg zu Ende war, blieb das gottgelobte Land, in dem wir und unsere Nachkommen glücklich werden sollten, eine Utopie. Anstatt in unseren hübschen Häuschen im Grünen alt und älter zu werden, blickten wir auf Häuserruinen. Anstatt jeden Tag zur Arbeit zu gehen, liefen viele zum Sozialamt und beantragten dort Stütze. Anstatt alles untereinander aufzuteilen, was uns unsere geliebte Heimat gab, mussten viele von uns tatenlos zusehen, wie einige wenige immer mehr anhäuften und viele andere anfingen, in Mülleimern zu wühlen.

Ich weiß nicht, was sich die Leute erhofft hatten und was genau sich für sie verändern sollte, aber ich weiß, dass sich vieles verändert hat.

Um genau zu sein: Nach dem Krieg war nichts mehr so wie zuvor.

Mein Vater hörte auf, Granaten und Munition zu den Stellungen zu fahren, und arbeitete mit der *Doruša* wieder bei der Straßenwacht. Und wie überall war auch bei der Straßenwacht nichts mehr so wie zuvor.

Wo einst Josip Broz hing, lächelte jetzt Franjo Tuđman auf meinen Vater und die anderen herunter. Wo früher der fünfzackige Stern auf sie herabstrahlte, hing jetzt das rot-weiße Schachbrettfeld und erhellte ihre Tage. Wo früher alle das Parteibuch der KPJ, der

Kommunistischen Partei Jugoslawiens, besaßen, schmückte sich nun jeder mit dem Parteibuch der HDZ, der Kroatischen Demokratischen Union.

An der Zapfsäule, an der sie früher der alte Serbe Slobodan mit Sprit versorgt hatte, stand jetzt ein Cousin des neuen Direktors, selbstverständlich ein Kroate. Auch in der Werkstatt arbeiteten jetzt nicht mehr Velimir, Ante, Adnan, Tomislav, Safet, Senad und Jozo, sondern Ante, Stipe, Safet, Ivan, Željko, Marin und Zoran.

Velimir lebte mittlerweile in Novi Sad in Serbien, Adnan irgendwo in Nordbosnien, Senad war tot, ebenso Tomislav und Jozo, und die anderen waren alle irgendwie mit einem der Alten von der Straßenwacht verwandt. Außer Safet. Der war im Krieg nicht aus Livno geflohen.

In diesem ganzen Religions- und Nationalitätenwirrwarr war Safet einer derjenigen, die sich am wenigsten etwas daraus machten, an welchen Gott jemand glaubte, obwohl er nicht versteckte, dass er Moslem war. Er ließ sich von seinem Glauben leiten, aber niemals verleiten.

Manchmal wünschte ich, alle Menschen wären ein bisschen mehr wie Safet. Vielleicht hätte es dann diesen Scheißkrieg nie gegeben.

Die Männer der Straßenwacht hatten früher ihren Lohn in jugoslawischem Dinar ausbezahlt bekommen. 1996 fanden sie in der Lohntüte kroatische Kuna, Deutschmark, Schweizer Franken und manchmal auch US-Dollar. Mein Vater und die anderen machten schon ihre Witze darüber und fragten sich, wann in ihren Lohntüten Zahngold sein würde. Schon kurze Zeit nach Ende des Krieges haben sie sich gewünscht, es wäre wenigstens Zahngold dringewesen, aber stattdessen herrschte in ihren Lohntüten gähnende Leere.

Die Helden von einst, die in den Kriegsjahren nicht ihr Leben, sondern nur ihre Gesundheit verloren hatten, mussten nun wie alle anderen zusehen, wie unter dem Deckmantel der Gerechtigkeit immer mehr Ungerechtes geschah. Wie soziale Marktwirtschaft propagiert, aber Ausbeutung betrieben wurde. Wie Gerechtigkeit vorgegaukelt und feudalistische Herrschaft praktiziert wurde. Oder wie man gerne in Deutschland sagte: Wasser predigen, aber Wein saufen.

Genau in dieser Zeit kam mein Vater zu mir und anstatt das zu machen, was zu jener Zeit alle machten, nämlich Ruf, Stellung und Amt dazu zu nutzen, mich irgendwo bei der Straßenwacht unterzubringen, tat er genau das Gegenteil.

Er schickte mich weg.

Weg von Bosnien oder von dem, was aus diesem Land geworden war und noch zu werden drohte. „Mein Sohn", sagte er damals zu mir, „vergiss nie: Ein Bosnier kann aus Bosnien rausgehen, aber Bosnien niemals aus einem Bosnier." „*More Bosanac iz Bosne, ali Bosna iz njega nikada.*"

Auch wenn diese Redewendung mittlerweile gerne dann benutzt wird, wenn sich ein Bosnier irgendwo danebenbenimmt, weiß ich genau, dass mein Vater das andere Bosnien meinte.

Ein Bosnien, das so ist wie seine Flüsse und seine Berge. Wie seine Stürme und seine Dürren. Wie seine Lieder und seine Geschichten. Ehrlich und liebenswert.

Damals habe ich es nicht verstanden, aber heute danke ich ihm umso mehr dafür. Er schickte mich nicht weg, um einen Job zu suchen.

Ich sollte weggehen, um meinen Platz im Leben zu suchen. Einen Platz, der mir aufgrund meiner Ehrlichkeit und Liebenswertigkeit zustand. Daran glaubte er.

Und das habe ich getan.

Er hingegen blieb in Bosnien und wehrte sich gegen Korruption und Betrug, so gut er nur konnte. Als Fahrer bei der Straßenwacht hätte er jeden Freundschaftsdienst berechnen können, aber er fuhr immer noch jede Schwangere ins Krankenhaus und jedes Medikament zu den Alten, ohne dafür irgendetwas haben zu wollen.

Eines Tages, und das erzählte er mir erst vor zwei Jahren, wurde er zum neuen Direktor gerufen.

Der erste Direktor, also derjenige, der die Straßenwacht im Krieg geleitet hatte, war pensioniert und niemand wusste, wie der neue Direktor zu seinem Posten gekommen war.

Er war jünger als die meisten Männer bei der Straßenwacht und hatte in der großen Stadt studiert. Er brachte einige Neuerungen mit, mit denen die wenigsten der alten Fahrer etwas anfangen konnten, aber Missverständnisse zwischen unbelehrbaren Alten und erfolgshungrigen Jungen gibt es überall auf der Welt. Dafür muss man nicht nach Bosnien gehen.

Wer aber sehen wollte, wie ein Junger ein paar Alte richtig demontierte, der war zu jener Zeit bei der Straßenwacht richtig.

Der Direktor bestellte meinen Vater ins Büro und versuchte wohl so etwas wie einen Smalltalk. Wahrscheinlich lernt man das an der Universität.

Als Hund der alten Schule, der er nun mal ist, bedankte sich mein Vater und würgte den Smalltalk mit freundlichen, aber einsilbigen Antworten ab. Und dann machte der neue Direktor das, was Angsthasen immer machen. Er schob den Schwarzen Peter jemand anderem in die Schuhe.

Im Falle meines Vaters und einiger anderer Legenden der Straßenwacht von Livno war es ein nie bestätigter österreichischer

Investor, der sich für die marode Straßenwacht interessierte und sie privatisieren wollte. Investiert würde aber nur dann, wenn sich die Straßenwacht einer Verjüngungskur unterzog. Frische Leute waren die Voraussetzung für frisches Geld. Und der Direktor wollte diese Voraussetzung auf jeden Fall erfüllen.

„Mate, altes Haus, ich schwöre bei Gott, ich hab denen erzählt, dass jeder von euch dreimal mehr wert ist als diese ganzen Jungspunde zusammen, aber die hören nicht auf einen. Das ist Europa, da ist der Mensch kein Mensch, sondern ein Wirtschaftsfaktor, verstehst du mich, altes Haus?", redete der Direktor auf meinen Vater ein.

Mein Vater war schon immer schlecht im Betteln, also bettelte er auch nicht darum, bei der Straßenwacht bleiben zu dürfen.

Er nahm seine Kündigung hin.

Auf die Behauptung des Direktors, Menschen in Europa, und gemeint waren die westlichen Industriestaaten in Europa, seien nur noch Wirtschaftsfaktoren, ging er überhaupt nicht ein. Er erzählte mir, er sei während des Gesprächs ziemlich ruhig geblieben. Bis der Direktor etwas sagte, was er niemals vor meinem Vater hätte sagen dürfen.

„Als Pensionierungsgeschenk könnt ihr eure alten Wracks mitnehmen. Die rentieren sich sowieso nicht mehr und sind nur noch eine Last."

Nicht die Tatsache, dass der Direktor die *Doruša* als ein altes Wrack bezeichnet hatte, verletzte ihn, denn die *Doruša* war wirklich ein altes Wrack. Sie fuhr zwar immer noch und erledigte die Aufgaben, die mein Vater ihr abverlangte, aber sie war alt, verbrauchte viel zu viel Sprit, brachte lange nicht so viel Leistung wie die neuen LKWs und ging viel öfter kaputt.

Was meinen Vater aber verletzte, war die Missachtung durch den Direktor. Und damit macht man sich in Bosnien nicht nur keine Freunde, sondern richtige Feinde.

Als er mir davon erzählte, habe ich versucht, ihm deutlich zu machen, dass der Direktor nicht ihn oder die *Doruša* gezielt abwerten wollte.

Ganz im Gegenteil: Dem Direktor waren sowohl mein Vater als auch ein alter tschechischer Laster völlig gleichgültig, denn ansonsten hätte er sie nicht beide aufgegeben. Er wollte nur beweisen, wie toll er die Straßenwacht auf Vordermann bringen konnte.

Vielleicht wollte er auch sein üppiges Gehalt rechtfertigen, wobei ich das weniger glaube.

Was auch immer er beabsichtigte, er wollte sicherlich nicht meinen Vater beleidigen, als er konstatierte, dass sich die *Doruša* nicht mehr rentierte.

Mein Vater sah das jedoch ganz anders.

Wer denn diese Firma am Leben gehalten und all die Mitarbeiter in ihr all die Jahre ernährt habe? Es seien genau solche alten, unrentablen Wracks wie die *Doruša* gewesen, die das geleistet hätten. Da könne man etwas mehr Respekt erwarten.

Er sprach dann lange über Respekt und während er redete, fiel mir ein bosnisches Sprichwort ein: „*Vojnik o skraćenju, kurva o poštenju.*" Es bedeutet so viel wie „Der Soldat spricht über die Verkürzung der Wehrdienstzeit und die Hure über Respekt."

Beide bekommen natürlich nicht das, worüber sie sprechen.

Und genau das sagte ich meinem Vater. Er widersprach mir nicht, aber sein Blick verriet mir damals, dass es noch eine ganze Weile dauern würde, ehe er das auch verstand und akzeptierte.

Die Straßenwacht wurde übrigens nie privatisiert. Bis heute ist da kein Österreicher und sonst niemand gekommen. Es sind nur einige gegangen. Und mein Vater zählt dazu.

Als er mir erzählte, dass er nach seiner Entlassung oder, wie der Direktor es nannte, der Zwangspensionierung nicht nach Hause, sondern zu Sajo gegangen war, wunderte mich das nicht.

Sajo war sein langjähriger Schachpartner und ich bin mir sicher, dass die beiden während einer Partie keine drei Sätze miteinander sprachen. Sie spielten einfach nur Schach, und beim Schach muss man nicht so viel reden. Man könnte es, aber man muss es nicht.

Also ging mein Vater nach seiner Entlassung zu Sajo und die beiden spielten den ganzen Tag und die halbe Nacht Schach. Währenddessen trank jeder von ihnen noch etwa zwei Flaschen von Sajos selbstgebranntem Schnaps. Selbst dann ging mein Vater nicht zu meiner Mutter nach Hause und erzählte ihr von der Entlassung, sondern steuerte torkelnd das uralte Haus meines Großvaters an.

Das hatte er schon früher ab und zu getan, um sich auszunüchtern, aber mit den Jahren kam er immer seltener nach Hause, sondern ging stattdessen direkt in die *stara kuća*.

So musste es auch am Tag vor meiner Ankunft gewesen sein. Unser Haus war leer und mein Vater lag alleine und betrunken auf der hölzernen Bank in der *stara kuća*.

Ich saß fast eine halbe Stunde neben ihm, ehe er aufschreckte.

Er hatte wohl etwas geträumt, das ihn aus dem Reich der Träume geradewegs in das alte Wohnzimmer katapultierte. Als er mich sah, schwieg er einige Sekunden. Er blinzelte mich überrascht an und ich konnte ihm ansehen, dass er mich nicht erwartet hatte. Er brauchte tatsächlich einige Sekunden, um zu begreifen, wer neben ihm saß.

Als er es begriffen hatte, huschte ein kleines Lächeln über sein Gesicht und er sagte nur: „*Sine moj.*“

„*Sine moj*“ bedeutet eigentlich „mein Sohn“, aber wenn in Bosnien ein Vater mit zittriger, brüchiger Stimme zu seinem Sohn „*sine moj*“ sagt, dann meint er so etwas wie „Wenn du nur wüsstest, wie sehr ich mich freue, dich zu sehen und dich zu haben, dann würdest du mit mir vor lauter Freude darüber weinen, und ich möchte, dass du weißt, dass ich dich sehr liebe.“

Ich stand auf, beugte mich zu ihm und umarmte ihn, so gut ich konnte. Wir blieben noch eine ganze Weile in der *stara kuća* und redeten. Immerhin hatten wir uns schon länger nicht mehr gesehen und auch nicht gesprochen. Ich erzählte meinem Vater, was es Neues in Deutschland gab und was mir alles daran gefiel, und mein Vater erzählte mir die Wahrheit über Bosnien.

Wie viele Männer seiner Generation, die zum Stehlen zu dumm und zum Betteln zu stolz waren, weinte er seinen besten Zeiten nach und freute sich umso mehr, als ich ihm davon erzählte, dass meine besten Jahre noch vor mir lägen.

Irgendwann fiel ganz beiläufig, fast ein wenig ungeplant, der Name meiner damaligen Freundin und heutigen Frau.

Wie es ihr gehe, wollte mein Vater wissen.

„Gut geht es ihr“, antwortete ich und wartete seinen nächsten Satz ab. Dieser würde entscheiden, ob das Erkundigen nach der Gesundheit meiner Frau nur beiläufig und ein Lückenfüller war oder womöglich, und darauf hoffte ich insgeheim, der Beweis für ehrliches und aufrichtiges Interesse.

„Wie lange seid ihr noch mal zusammen?“, wollte mein Vater wissen.

Da war er.

Da war dieser Satz, der mir die Sicherheit gab, die ich brauchte, um mit meinem Anliegen loszulegen.

Hätte er als Nächstes gefragt, was es sonst noch Neues gibt oder wie lange ich zu bleiben gedenke oder ob ich dies oder jenes schon gehört habe, dann hätte ich gewusst, dass ihm Karin nichts bedeutete. Und dass er sich wie meine Mutter wünschte, dass Karin und ich uns trennten, aber sich im Gegensatz zu ihr nur nicht traute, es auszusprechen.

Aber nein, er fragte explizit danach, wie lange wir schon ein Paar seien, und dann wollte er noch wissen, wie wir die Sprachbarriere meisterten, ob ich Karins Eltern kannte, wie die Öffentlichkeit zu uns stand und welche Freunde wir hatten. Wie ein kleines Kind fragte und fragte er und wie eine Raupe Nimmersatt saugte er all die Informationen auf, die ich ihm gab.

Ich erzählte ihm von unserem ersten Date, von ihrem Job als Grafikerin, von ihren deutschen Freunden, von denen ich einige immer noch genauso blöd finde wie am ersten Tag und andere wiederum mittlerweile zu meinen eigenen Freunden zähle.

Ich erzählte ihm von ihren kleinen Macken, die mich zwar wahnsinnig machten, aber die ich um nichts in der Welt missen mochte. Er lachte herzlich, als ich ihm erzählte, wie sie einmal versucht hatte, eine *pita*, einen mit Käse und Spinat gefüllten Blätterteig aus Bosnien, zu machen.

Sie hatte irgendwo im Internet ein Rezept dafür gefunden und bis zum Teig ging auch alles gut, aber als man die *jufka*, also den Teig, wie eine Pizza auseinanderziehen musste, verwandelte sich die Küche in ein Schlachtfeld.

Anstatt einer *pita* hatten wir am Ende etwas, das aussah wie eine Pizza und eigentlich nur viel zu viel Teig war, auf dem sie etwas Käse und Spinat verteilt hatte.

So sehr er über diese Geschichte lachte, so beeindruckt war er davon, dass Karin Kopf und Kragen riskierte, um anderen Menschen zu helfen.

Wir redeten mehr als eine halbe Stunde lang über meine jetzige Frau, ehe mein Vater das Thema plötzlich mit einer schönen, aber gleichzeitig auch traurigen Erkenntnis abrupt beendete.

Er habe es schon immer gewusst, dass ich nicht mehr zurückkehren würde. Und dass dafür eine Frau verantwortlich sei.

Ich schwieg. Er hatte ja recht. Und gerade als ich überlegte, dass der Augenblick nicht passend sei, mein Anliegen vorzutragen, denn dabei ging es auch um Karin, die Frau, die verantwortlich dafür war, dass ich nie wieder nach Bosnien zurückkehren würde, da blies mein Vater neuen Wind in das Segel unserer Konversation, das er nur wenige Sekunden zuvor selbst eingeholt hatte.

Ob wir schon Pläne hätten?

Ich wusste genau, welche Pläne er meinte. Er wollte wissen, wann wir heiraten und Kinder in die Welt setzen wollten.

„Eins nach dem anderen", antwortete ich ihm. „Eine Familie braucht Platz."

„Di čeljad nisu bisna, kuća nije tisna", antwortete er prompt.

Ich liebe diese alten bosnischen Sprichwörter, die sich nur im Dialekt reimen. Dieses besagte so viel wie „Wenn man miteinander kann, kann man das auch auf engstem Raum."

Also bestätigte ich ihn und sah die perfekte Gelegenheit, um endlich das anzusprechen, weshalb ich gekommen war.

„Ravna".

Genauso habe ich damals angefangen. Ich sagte nur *„ravna"*. Und dann sagte ich, dass er sicher wisse, was ich ihn diesbezüglich fragen wolle. Ich fügte hinzu, dass Mutter ihm sicherlich schon davon erzählt habe. Ich hatte sie nämlich ein paar Tage zuvor angerufen und ihr mitgeteilt, dass ich mit ihm über die *ravna* reden wolle.

Ich erwartete daher, dass er Bescheid wusste und sich auf das Thema schon in irgendeiner Weise vorbereitet hatte, aber nichts davon traf zu. Noch heute ärgere ich mich darüber. Ich regte mich auf, dass meine Mutter meinem Vater sowohl meinen Besuch als auch den Grund meines Besuchs verschwiegen hatte, aber noch mehr regte ich mich darüber auf, dass ich nun dastand wie ein Erpresser, der unangekündigt hereinplatzt und seinem Gegenüber die Pistole auf die Brust setzt.

„Vater, ich will Karin und mir und so Gott will unseren Kindern ein Haus bauen. Aber nicht hier, sondern in Deutschland. Und ich bin gekommen, um dich zu fragen, ob du mir die *ravna* gibst, damit ich sie verkaufen und mit dem Geld mein eigenes Heim in Deutschland bauen kann."

Das war der Satz, wegen dem ich aus Deutschland gekommen war. Das war der Satz, den meine Mutter meinem Vater verschwiegen hatte. Das war der Satz, der nach knapp einer Stunde guter Konversation wie ein Stein auf einen Glastisch krachte.

Mein Vater stand auf und ging wortlos an mir vorbei zur Tür. Ohne sich umzudrehen und ohne viele Worte forderte er mich auf, ihm zu folgen.

Vor der *stara kuća* vergewisserte er sich, dass ich hinter ihm war, und ging langsam los. Wäre er zu unserem Haus gegangen, hätte ich nicht sagen können, welche Absicht er verfolgte. Aber dadurch, dass er in die andere Richtung lief, wusste ich sofort, was er ansteuerte.

Er lief zur *ravna*. Wie ein kleiner Junge, ein oder zwei Schritte hinter ihm, folgte ich ihm wortlos.

Die *ravna* lag etwa dreihundert Meter von der *stara kuća* entfernt und grenzte an die neue Umgehungsstraße. Als wir am Ziel waren, blieb mein Vater stehen und sah sich um.

Von dem fruchtbaren Acker, von dem er und mein Großvater immer erzählt hatten, war nicht mehr viel übrig. Die *ravna* war nur noch eine große Wiese, die seit Jahren weder gepflügt noch bestellt worden war. Und obwohl ich als Kind unzählige Male über sie gelaufen war, musterte ich das Land ganz genau.

Bestimmt drei *dulum* groß, schön flach wie eine offene Hand und dank dem Ausbau der Straße bereits an Strom, Telefon und Wasser angeschlossen.

Das perfekte Bauland.

„Hier ist sie", sagte mein Vater. „Die *ravna* habe ich von meinem Vater geerbt und er hat sie von seinem Vater. Der wiederum von seinem Vater. Schon immer hat die *ravna* zu unserer Familie gehört und nie hat sie jemand verkauft. Weder sie noch die *ploča*."

Ich sah ihn an, atmete tief und resignierte.

Da war ich über eintausend Kilometer gefahren, um nach einem Bauplatz zu fragen, den mit höchster Wahrscheinlichkeit nie wieder jemand begehen würde, geschweige denn bebauen, aber der Hinweis meines Vater auf die jahrhundertealte Zugehörigkeit dieser Wiese zu unserer Familie ließ mich straucheln.

„Ich weiß aber auch, was mein Großvater, also dein Urgroßvater, mal zu mir gesagt hatte: Das Land ist dazu da, dem Menschen zu dienen, und nicht andersherum. *Zemlja je tu da robuje čoviku, a ne on njoj.*

Noch heute läuft es mir heiß und kalt den Rücken hinunter, wenn ich nur an dieses Gespräch zurückdenke.

Mein Vater, der mir gerade zu verstehen gegeben hatte, dass dieses Land schon immer im Familienbesitz gewesen sei, und der damit bei mir den Eindruck erweckt hatte, als ob sich daran auch in Zukunft nichts ändern werde, öffnete wieder ein Hintertürchen, indem er mich an den weisen Worten meines Urgroßvaters teilhaben ließ.

So sehr mich der erste Satz meines Vaters zurückgeworfen hatte, so sehr brachte mich der zweite Satz wieder ins Spiel zurück. Ich gebe es zu, für einen kurzen Augenblick dachte ich, ich hätte es geschafft und ein Teil des Geldes, das Karin und ich benötigten, um unser Häuschen zu bauen, wäre quasi da.

Doch so weit waren wir noch lange nicht.

„*Sine moj*, wenn du dieses Land verkaufen willst, um in dein eigenes Glück zu investieren: Meinen Segen hast du. Sobald deine Mutter und ich nicht mehr leben."

„Das heißt dann wohl nein, oder?"

„Wie ich sagte: sobald deine Mutter und ich unter der Erde sind."

„Aber Vater ..."

„*Sine moj*, ich kann dich verstehen. Verstehe aber auch du mich."

„Was soll ich da verstehen?"

„Wenn du das noch nicht weißt, dann bist du auch noch nicht soweit, um deine eigene Familie zu gründen."

Ich konnte mir genaue Wortlaute schon immer nur bedingt gut merken, aber dieser Satz ist in mir haften geblieben.

Heute, einige Jahre später, muss ich meinem Vater recht geben. Die *ravna* gehörte nicht nur meinem Vater. Sie gehörte auch meiner Mutter. Und auch wenn es schon seit Jahren nicht danach aussah: Irgendwann hatte er ihr geschworen, dass sie gemeinsam durch dick und dünn gehen würden. Gemeinsam Entscheidungen treffen wollen.

Und gemeinsam Ländereien zum Verkauf freigeben wollen.

Diese Weisheit fehlte mir damals. Stattdessen ging ich wutentbrannt davon. Ich tat das, was ein Klischeebosnier tut: Ich trotzte.

Iz inata. Aus Trotz.

Aus Trotz ging ich davon, aus Trotz ließ ich meinen Vater wie einen Hund stehen. Aus Trotz ließ ich ihn nicht ausreden. Aus Trotz sah ich nur mich im Recht. Alles, was ich an jenem Morgen machte, machte ich aus Trotz. Dabei weiß jeder, dass Trotz ein schlechter Ratgeber ist. „*I budala zna, da je inat loš savjetnik.*" Aber in jener Situation war ich, auch wenn ich das ungern zugebe, einfach nur ein Vollidiot. Ein *budala.* Ich dachte nur an mich. Und das geht selten gut aus.

Ich lief zurück zum Haus meiner Eltern, wieder vorbei am alten Gavran, der immer noch unter der alten Linde saß und sich kaum regte, und stand plötzlich vor verschlossener Tür. Ich drehte mich schnell zum alten Gavran um, und sein Blick verriet mir, dass meine Mutter nach Hause gekommen war und mich nicht mehr im Haus haben wollte.

Ich rief ein paar Mal nach ihr und befahl ihr, die Tür zu öffnen, aber im Haus blieb es still. Ich versuchte, aus dem Befehl, die Tür zu öffnen, eine Bitte zu machen, aber auch das half nichts.

Ob ich mich nicht schäme? Ob es mir nicht peinlich sei, das Land unserer Familie für eine deutsche Schlampe zu verscherbeln? Wie ich das auch nur denken könne?

Sramota te bila, i Boga i naroda. Schämen solle ich mich, vor Gott und den Menschen.

Schämen sollte ich mich vor verschlossener Tür, nicht willkommen im Haus, in dem ich geboren und aufgewachsen bin. So weit war es mit mir und meiner Familie damals gekommen. Rückblickend denke ich, dass ich etwas hätte unternehmen sollen. Etwas tun müssen. Aber ich wusste nicht, was. Vielleicht die Tür eintreten? Oder die Scheibe einschlagen? Mit dem Auto durch die Wand fahren oder sonst irgendwie nach drinnen kommen und dann mit meiner Mutter streiten? Oder reden. Irgendwas!

Aber ich tat nichts, gab auf.

Meine Mutter hätte herauskommen können, um mir einen Kochtopf über den Schädel zu ziehen, und ich hätte mich nicht gewehrt. Ich regte mich nicht, weil ich mich nicht regen wollte.

Ich wollte es einfach nicht.

Eine Mischung aus Einsicht, Vernunft, Lethargie und Trotz sagte mir: Das war´s, Junge. Hier wirst du nichts mehr ausrichten können. Pack deine Sachen und geh.

Ich ging zum Auto, setzte mich hinein und fuhr weg. Ohne Ziel, einfach nur weg.

Ich lenkte das Auto in Richtung Stadt und drehte dort erst ein paar Runden. Dann fuhr ich hinauf zum Bašajkovac, stieg oben am Berg aus und blieb dort lange einfach nur stehen.

Ich rauchte eine Zigarette nach der anderen und wären sie mir nicht irgendwann ausgegangen, stünde ich wahrscheinlich immer noch oben am Berg und würde rauchend hinunter auf Livno sehen.

Am höchsten Punkt der Stadt, von dem aus man eine herrliche Sicht hat und kilometerweit sehen kann, sah ich an jenem Tag keine Chance mehr für mich.

Für diese Familie.

Für diese Stadt.

Für Bosnien.

Ich saß unweit der Kula Vujadinova, der alten Festung, die früher über der Stadt thronte und heute nichts mehr ist als ein Haufen Steine, und fragte mich, was und vor allem wie ich Karin sagen sollte, dass ich versagt hatte. Dass ich diese ganze Reise umsonst gemacht hatte. Dass sich niemand in meiner Familie für sie geschweige denn für unser gemeinsames Glück und unsere gemeinsame Zukunft interessierte.

Ich sah Karin schon vor meinem geistigen Auge, wie sie mich halb im Spaß und dann doch halb ernst fragte, ob sie in den Augen meiner Mutter immer noch die deutsche Schlampe sei, und ich wollte diese Frage nicht mit einem Ja beantworten müssen.

Ich habe mir damals so sehr gewünscht, ich hätte etwas bewirken können, um nach Stuttgart zurückzufahren und ihre Frage mit einem Nein beantworten zu können.

Als mir die Zigaretten ausgingen, fuhr ich hinunter in die Stadt. Am liebsten wäre ich sofort nach Deutschland zurückgefahren, aber ich war schlicht und einfach zu erschöpft. Ich musste mir eine Bleibe für die kommende Nacht organisieren.

Natürlich hätte ich bei verschiedenen Leuten übernachten können, aber ich wollte nicht erklären müssen, warum ich nicht zu Hause bei meinen Eltern schlief. Und selbst wenn ich mich verweigert hätte, irgendetwas zu erklären oder klarzustellen, hätten meine bloße Anwesenheit und die Tatsache, dass ich nicht zu Hause übernachtete, für ausreichend Gesprächsstoff gesorgt. Und die Nachricht, dass ich irgendwo in Livno übernachtet hatte, hätte auch meine Mutter erreicht, noch bevor ich aufgewacht wäre.

Und obwohl sie mich als einen Verräter der Familie beschimpft hatte, der sich nicht einmal schämt, sein Erbe für eine deutsche Schlampe zu verscherbeln, wollte ich nicht, dass sie wusste, wo ich übernachtete, oder dass irgendjemand sie darauf ansprach.

Im Hotel Dinara kannte niemand meine Familie und es interessierte niemanden, warum ich dort übernachtete.

Menschen übernachten in Hotels, denn genau dazu sind diese ja da. Sie gehen hin, lassen sich einen Schlüssel geben, an dem eine Tafel mit einer Nummer hängt, bezahlen in bar, wie man das in Bosnien am liebsten sieht, gehen auf ihr Zimmer, kommen wieder herunter, um sich Zigaretten zu kaufen und auf dem Zimmer trotz Rauchverbot mehr als die halbe Schachtel zu inhalieren.

Ich rauchte bei geöffnetem Fenster, aber da mein Zimmer nach hinten zum stockdunklen Park zeigte, sah mich niemand, während ich das gerade Erlebte so schnell wie möglich vernebeln wollte.

Aus Erzählungen der Älteren, und damit meine ich meinen Bruder und die anderen Jungs, die fünf Jahre älter waren als ich, gab es diesen Park hinter dem Hotel Dinara nur aus einem Grund: um dort mit hübschen Mädchen hinzugehen und ein wenig zu „parken".

Schon als junger Kerl hatte ich diesen Geschichten keinen Glauben geschenkt und spätestens seit jener Nacht, die für viele Jahre meine letzte in Livno sein sollte, wusste ich, dass das ausschließlich sexuelle Phantasien waren.

Im Park war kein Mensch, geschweige denn irgendjemand, der dort „parken" wollte.

Ich mache das Radio an und finde einen kroatischen Sender.

Die spielen irgendeinen weichgespülten Pseudopop und ich drücke sofort den Ausknopf. Wenn ich ehrlich bin, will ich mit der heutigen Jugend nicht tauschen. Sie mögen zwar bessere Kommunikationssysteme haben, aber meine Generation hat die eindeutig bessere Musik gehört.

Wenn die Zagreber Band Azra vom Balkan sang, dann fand und finde ich das immer noch viel treffender als jedes danach komponierte Lied.

„Balkane moj, budi mi silan i dobro mi stoj." - „Mein Balkan, sei stark und halt dich wacker."

Das sangen Jugendliche in ganz Jugoslawien. Heute singen sie alle, wie toll ihre jeweilige Heimat ist, aber keiner singt mehr über den Balkan so ehrlich, wie Azra das tat. Auch wenn die Band schon seit über zwanzig Jahren nicht mehr auftritt, bin ich mir sicher, dass man bei einem Konzert von Azra eine Volkszählung durchführen könnte. Zumindest meine Generation wäre komplett anwesend.

Wenn ich daran denke, welch sagenhafte Musik mein Bruder und ich früher hörten, dann kann ich mir kaum erklären, warum wir heute einen so unterschiedlichen Musikgeschmack haben. Während ich musikalisch ein Kind der Achtziger geblieben bin, und Azra, Bijelo Dugme, Josipa Lisac, Crvena Jabuka, Đorđe Balašević, Oliver Dragojević, Denis & Denis, Zdravko Čolić, Zabranjeno Pušenje, Dino Dvornik, Prljavo Kazalište oder Leb i Sol auch heute noch meine Welt sind, gehört mein Bruder heute zu denjenigen, die diese katastrophale Musik hören, die sich *narodna muzika* nennt, was eigentlich Volksmusik heißt, aber leider nichts mit dem Volk zu tun hat.

Hier und da hört man auch den Begriff *turbofolk*, und der trifft es eher.

Schlecht getunte Musik, die keinen Anspruch auf Qualität hat.

Diese seltsame Musik, die im Krieg aufkam und im Daytoner Friedensvertrag nicht verboten wurde, ist in Bosnien heute beliebter denn je.

Die einzige Erklärung, die ich dafür habe, dass von den beiden Jungs, die mit genialer Musik groß geworden sind, der eine immer noch ein Popper und Rocker ist und der andere *turbofolk* hört, ist die Tatsache, dass wir seit 1996 in unterschiedlichen Kulturen leben.

Am nächsten Morgen verließ ich das Hotel Dinara so leise ich konnte und kaufte mir in der *burekdžinica* an der alten Brücke zwei *burek*. Die wenigsten Menschen würden *burek*, diesen heißen, fettigen Blätterteig, der mit Hackfleisch gefüllt ist, als Frühstück bezeichnen, aber in Bosnien ist es das Normalste von der Welt. Wahrscheinlich habe ich geahnt, dass dieser Tag noch vieles mit sich bringen würde, was ich nur schwer verdauen konnte, also machte ich mit den *bureks* einen soliden Anfang.

Nach meinem Frühstück stieg ich in den Wagen und fuhr zum Haus meines Bruders.

Kurz vor der Einfahrt kamen mir Fragen in den Sinn: Was suchte ich eigentlich dort? Und was erhoffte ich mir? Ich ignorierte sie alle, bog ab und stellte den Wagen vor der Tür ab.

Im selben Moment öffnete sich die Tür des Hauses und Marija kam heraus.

Wir begrüßten uns wie immer herzlich. Sie bot mir an, ins Haus zu kommen, aber ich wollte lieber draußen warten. Gerade als ich sie nach meinem Bruder fragen wollte, kamen ihre beiden Kinder auf den Hof gestürmt. Was ich ihnen mitgebracht hätte? Wie lange ich bleiben würde? Ob das mein neues Auto sei? Die beiden hatten Fragen über Fragen, gaben mir jedoch keine Gelegenheit, ihnen Antworten zu liefern.

Marija ließ mir ein paar Augenblicke mit den beiden, aber als ob sie ahnte, was noch passieren würde, schickte sie die Kinder unter einem Vorwand weg zum Einkaufen. Sie drückte dem Älteren einen

Schein in die Hand und gab ihm und seiner Schwester den Auftrag, *germa*, Backhefe, mitzubringen.

Als die beiden weg waren, sagte sie: „*Ko kaže da se nema za germe?*"

Ich kann mich noch erinnern, dass wir beide lachten, denn die Redewendung „*Nema se ni za germe*", „Ich hab nicht mal Geld für Backhefe", wird benutzt, um zu sagen, dass man gar kein Geld mehr hat. Und obwohl mir klar war, dass Marija und Ante nicht gerade in Geld schwammen, lachten wir beide darüber, wie offen sie damit umging.

Das ist auch so ein bosnisches Ding.

„*Humorom kroz suze*", „mit Humor durch die Misere", heißt die Parole, nach der man lebt, wenn das Leben einen nicht mit Wohlstand beworfen hat. Eine andere bekannte Redewendung, die Auswege aus der Mittellosigkeit aufzeigt, heißt in Bosnien „*Parola je snađi se.*" Grob übersetzt: „Hilf dir selbst und warte nicht darauf, dass es jemand anders tut."

Und das tat Marija.

Sie half sich selbst, sie half ihren beiden Kindern, sie half sogar meinem Vater und meiner Mutter, indem sie für jeden ein offenes Ohr und einen unverbindlichen Ratschlag hatte. Ich war der Nächste, der sich in die Reihe stellte, um von ihr einen Ratschlag oder einfach nur ein offenes Ohr zu bekommen.

Es tue ihr leid. Sie habe von meiner Mutter schon gehört, dass ich da sei und warum.

Ich wusste nicht, was ich darauf sagen sollte, also schwieg ich. Als Klischeebosnier hätte ich eigentlich sagen müssen „*Jebi ga*", „Scheiß drauf", aber ich entschied mich, zu schweigen. Zumindest für ein paar Sekunden.

Wann Ante wieder nach Hause käme, wollte ich von ihr wissen. Sie sagte, dass er jede Minute kommen müsse. Sie hätten gestern miteinander telefoniert, und da war er schon in Karlovac. Jetzt musste er nur noch die vierhundert Kilometer nach Livno herunterspulen, seine Ware durch den Zoll kriegen und dann wäre er schon da.

Noch während sie mir dies erzählte, bog ein großer LKW in die Zufahrtsstraße zu Antes Haus ein.

Ich muss gestehen, wenn ich ihn in dieser Sekunde zum ersten Mal in meinem Leben gesehen hätte und wir uns davor nie begegnet wären, wäre mir als Erstes aufgefallen, wie gut er diesen LKW samt Anhänger um die enge Kurve lenkte. Mit beachtlicher Geschwindigkeit fuhr er auf den Parkplatz vor seinem Haus zu und stellte den Laster samt Anhänger so zügig und doch so präzise ab, dass man hätte denken können, er habe in seinem Leben nie etwas anderes gemacht, als LKWs einzuparken.

Bis dahin hatte das Ganze, meinen Bruder eingeschlossen, ein gutes, ein fast schon bewundernswertes Bild abgegeben. Aber spätestens als sich die Fahrertür öffnete und mein Bruder, der damals schon ein paar Kilo zu viel auf den Rippen hatte, aus der Kabine sprang, war mir klar, dass er sich nicht gerade sonderlich freute, mich zu sehen.

Er knallte die Tür zu und kam auf Marija und mich zu. So sehr es ihm gelang, mich zu ignorieren, so sehr, und das muss ich ihm lassen, freute er sich, seine Frau zu sehen. Er begrüßte sie herzlich, erkundigte sich nach den beiden Kindern und würdigte mich dabei keines Blickes. Erst als er wusste, dass es seiner Familie gut ging, drehte er sich zu mir um und nickte.

Er sagte so etwas Ähnliches wie „*hej*“.

Es war kein richtiger Gruß, auch kein Erkundigen nach der Gesundheit oder sonst eine Frage.

Es war zwischen den Zähnen hindurchgepresst und von oben herab.

In so einer Situation hat man nur drei Optionen: entweder man antwortet mit den gleichen „hej“, was impliziert, dass man genauso wenig daran interessiert ist zu erfahren, wie es dem anderen geht oder was es Neues gibt. Die zweite Option wäre, dass man das „*hej*“ ignoriert und eine sinnvolle Konversation beginnt, echtes Interesse bekundet. Und die dritte Option wäre, einfach zu schweigen. Um zu sehen, ob dein Gegenüber wirklich so uninteressiert an dir ist.

Und genau für diese Option entschied ich mich.

Ich schwieg und sah ihn nur an. Und schon nach wenigen Sekunden wurde mein Schweigen belohnt.

Was denn los sei? Ob ich jetzt angepisst sei, weil ich die *ravna* nicht verkaufen dürfe?

Ich schwieg weiter.

Ob ich in meinem heißgeliebten Deutschland nicht genug verdiene, um davon ein Haus zu bauen?

Auch nach diesem Satz schwieg ich.

Und jetzt sei ich hergekommen, um sie auszuquetschen, damit ich die Kohle oben verprassen könne?

Ich sah meinen Bruder nur schweigend an und hatte das Gefühl, dass ich ihm mit meinem Blick mehr gesagt hatte, als all die Jahre zuvor ausgesprochen worden war.

Schließlich sagte er: „*Šta je? Šta si koji kurac zanimio?*“

Was denn los sei, wollte er wissen.

Es gibt Augenblicke im Leben, an denen alles hoffnungslos scheint. Und das war so ein Augenblick. Ich sah ihm noch einmal in die Augen und sagte dann nur:

„Šta sam ti učinio, brate moj?"

„Was habe ich dir getan, Bruder?", das waren die letzten Worte, die ich an meinen Bruder richtete, ehe ich mich umdrehte und wegging.

Es brauchte einige Jahre und das Eingreifen eines anderen Menschen, ehe wir beide auf diese Frage eine Antwort bekommen sollten.

Ich stieg in den Mietwagen und fuhr davon. Das Autoradio lief und da keine Hochzeitssaison war, kam sogar normale Musik. Auch wenn ich vieles in meinem Leben vergessen werde, dann niemals, dass just in jener Sekunde in Radio Livno das Lied *„Rimljani" von* Bajaga & Instruktori gespielt wurde.

Die Zeilen dieses Liedes untermalten meinen Abschied aus Livno.

Ich fuhr vorbei an meinen Heimatdorf, an meiner alten Grundschule, am alten Haus neben dem Ortsschild, das schon vor zwanzig Jahren einzustürzen gedroht hatte, aber heute noch steht, und ich ahnte, dass ich für eine lange Zeit nicht mehr nach Livno kommen würde.

Wenn ich heute daran zurückdenke, frage ich mich manchmal, ob ich vielleicht etwas nachsichtiger oder einfühlsamer oder was auch immer hätte sein sollen, denn die Jahre, die folgten, waren nicht die Jahre in meinem Leben, auf die ich stolz bin. Ganz im Gegenteil: Es waren Jahre der Isolation, aber auch der Sehnsucht. Es waren Jahre des Stolzes, aber auch des Trotzes. Jahre der Konsequenz, aber auch der Ignoranz.

Ich habe vieles vergessen und bei vielem ist es auch gut so, aber eines hat sich für alle Zeiten in meinem Hirn eingebrannt: der Text von *„Rimljani"*.

Jedes Mal, wenn ich Bajagas Stimme höre, denke ich an den Abschied und die Jahre ohne meine Familie zurück.

„*Odlazim mokrom ulicom*
Ich gehe die nasse Straße herunter
Dane protekle brišem gumicom
Wische die vergangenen Tage weg
Trudim se da se ne sećam
Ich versuche mich nicht zu erinnern
Kad zaboravim, lakše podnosim
Um es zu ertragen, will ich es vergessen“

Dritter Teil
Winterzauber

„Alles Gute", wünscht mir der bosnische Grenzpolizist in schlechtem Deutsch und gibt mir meinen deutschen Pass zurück. Auf seiner Jacke ist ein Emblem aufgenäht, auf dem in lateinischen und kyrillischen Schriftzeichen „Grenzpolizei" steht. Ich weiß nicht, ob er das gesagt hat, um mich zu ärgern, weil er gesehen hat, dass ich kein gebürtiger Deutscher bin, oder einfach nur, um mir zu zeigen, dass er ein wenig Deutsch kann, aber es interessiert mich auch nicht besonders.

Es ist neun Uhr morgens, und es ist noch nicht viel los am Grenzübergang Kamensko. Wenn Hamburg das Tor zur Welt ist, dann ist Kamensko das Tor nach Bosnien. Einige Grenzbeamte kontrollieren die wenigen Autos, die anfahren und schnell wieder wegfahren, andere stehen neben den Zollkabinen, trinken Kaffee und rauchen. Alles in allem ein normales Bild in Bosnien. Ich fahre weiter und komme nach wenigen Kilometern zum Buško Jezero.

Es heißt, er sei der größte künstlich geschaffene See in Europa, aber irgendwie will ich das nicht so recht glauben.

In dem Land, aus dem ich komme, übertreibt man ganz gerne.

Das sauberste Wasser.

Das beste Essen.

Die erfinderischsten Menschen.

Die kältesten Winter.

Die heißesten Sommer.

Und passend dazu: der größte künstliche See.

Ich war noch nie beeindruckt vom Superlativ. In meinem Leben hatte ich das Glück, die Zeit, das Geld und die Muße, einige faszinierende Orte in Bosnien zu sehen. Nicht nur auf Bildern oder im Fernsehen, sondern „in echt". „Live und in Farbe", wie es so schön heißt. Es sind weder die größten noch die besten noch die tiefsten noch die höchsten Orte auf der Welt, aber darum ging es mir nie.

Diese Orte sind so, wie sie sind. Genau das macht sie so besonders. Und das reicht mir.

Ich beschließe, anzuhalten, und steige aus.

Die Reifenspuren, die ich im frischen Schnee hinterlassen habe, verraten mir, dass an diesem Morgen noch niemand diesen Parkplatz angefahren hat. Ich hole meine Zigaretten aus der Jackentasche und zünde mir eine an.

Ein paar Schneeflocken schweben durch die Luft. Es sind keine richtigen Schneeflocken, es sind vielmehr Eiskristalle, die nicht so recht wissen, was sie werden wollen und wohin sie fliegen sollen. Wie diese Eiskristalle schwirren auch meine Gedanken zwischen der Vergangenheit und der Zukunft unkoordiniert in der Gegenwart herum.

Ein Blick auf die Uhr verrät mir, dass ich schon seit 13 Stunden fast pausenlos Auto fahre. Vom Tanken in Slowenien mal abgesehen. Ich müsste eigentlich todmüde sein, aber ich spüre keine Erschöpfung. Fast so wie im Winter 2009, als ich schon mal an diesem Parkplatz vorbeigekommen, aber weitergefahren bin.

Damals war keine Zeit zum Anhalten, denn es ging um Leben und Tod.

Wie jeden Winter wollten Albert und Margharete auch in diesem Jahr in den Skiurlaub fahren. Sie waren schon überall in Europa gewesen, ja sogar in Amerika und Afrika waren sie schon irgendwelche Berge und Gletscher hinuntergefahren. Bevor ich die beiden kennengelernt hatte, wusste ich gar nicht, dass man in Afrika Skifahren kann. Wie der ungläubige Thomas wollte ich von ihrem Skiurlaub in Afrika zuerst Bilder sehen, die mir Albert vor ein paar Jahren auch gezeigt hat.

Wohin es sie in ihrer über 30-jährigen gemeinsamen Skiurlauberkarriere noch nicht verschlagen hatte, das war Bosnien. Das mag hauptsächlich daran liegen, dass Bosnien nicht gerade als die große Skifahrernation gilt. Trotz unvergesslicher Olympischer Winterspiele im Jahr 1984 und ausreichender Schneemassen jeden Winter hat der Skisport in Bosnien nie die Hürde zum Professionellen genommen und ist stets eine Freizeitbeschäftigung geblieben.

Nach den Kriegswirren der 90er Jahre hatte man sich des ehemaligen Skigebietes auf Kupres entsonnen und es wieder auf Vordermann gebracht.

Albert hatte mich vor Jahren einmal darauf angesprochen und ich hatte ehrlich geantwortet, dass ich ihm nichts Konkretes sagen könne, aber dass ich gehört hätte, dass man dort tatsächlich exzellent Ski fahren könne. Als Albert mich fragte, ob ich nicht mitkommen wolle, habe ich dankend abgelehnt. Warum sollte ich mich bei einer Sache zum Idioten machen, die mich nie interessiert hatte?

Und dann kam, was kommen musste. Das erste Mal in über dreißig Jahren gemeinsamer Skiurlaube weigerte sich Margharete, mitzufahren.

Sie war ja nicht nur wenig begeistert von mir, auch von meinem Herkunftsland hielt sie nicht viel. Ich frage mich, wie ich reagieren würde, wenn mein Sohn morgen zu mir käme und mir sagen würde, dass er jemanden heiraten will, der aus einem Land kommt, von dem ich eigentlich gar nichts weiß und über das in den Medien nur Schlechtes berichtet wird. Ich würde zwar nicht – und das hat Margharete bei Karin ja auch nicht getan – das Urteilsvermögen und den gesunden Menschenverstand meines eigenen Kindes in Frage stellen, aber ich würde mir Fragen stellen. Und Sorgen machen. Und in die Enge getrieben mit Kratzen und Beißen reagieren.

Im Vergleich dazu reagierte Margharete noch verhältnismäßig entspannt, als Albert sie davon in Kenntnis setzte, dass sie zum Winterurlaub 2009 nach Kupres in Bosnien fahren würden. Er hatte auch schon alles gebucht und organisiert. Das tat er nicht, um seine Frau, die er auch nach über dreißig Jahren Ehe liebte, zu bevormunden. Er tat dies, weil er es auch die letzten dreißig Jahre getan hatte. Und in jedem dieser Jahre war es ihm gelungen, Kontinent, Land, Skigebiet und Hotel so auszuwählen, dass Margharete nichts daran auszusetzen hatte.

Bis zu diesem Jahr.

Vor kurzem habe ich mich mit Albert wieder darüber unterhalten. Er sagte mir, dass auch er verstehen konnte, warum ihn Margharete alleine nach Bosnien fahren ließ. Aber er sagte auch, dass er auf jeden Fall dorthin gefahren wäre. Ihm ging es dabei nicht um das Skigebiet, denn die beiden hätten auch in jedes andere Skigebiet fahren können. Er fuhr nicht hin, um seine Frau zu ärgern. Er fuhr nicht hin, weil es seine Art war oder weil er naiv war. Albert fuhr nach Bosnien, weil ihn die Vergangenheit nicht mehr losließ.

Dass sein Vater im Zweiten Weltkrieg von einem Bosnier namens Niko vor dem sicheren Tod durch die Partisanen gerettet worden war, dass ich den gleichen Namen trage wie der Mann, der es überhaupt erst ermöglicht hatte, dass Albert geboren wurde, dass seine Tochter sich ausgerechnet in mich verliebt hatte und ich mich in sie, dass darin ganz viele Menschen involviert waren, deren Gedanken, Worte, Taten und Unterlassungen sich auf die Leben anderer

Menschen auswirkten, obgleich sie einander nie begegnet waren. All das konnte kein Zufall sein. Daran glaubte Albert ganz fest.

Also entschloss er sich, alleine nach Bosnien zu fahren.

Auf mein Anraten hin flog er nach Split in Kroatien. Das war nicht nur der nächstgelegene Flughafen, sondern, um ehrlich zu sein, auch der einzige Ort, von dem aus ich ihm Tipps geben konnte. Von Split aus waren es noch etwa zwei Stunden Autofahrt bis nach Kupres.

Ich wusste, dass er von Split aus erst nach Sinj, dann nach Trilj und schließlich über den Grenzübergang Kamensko nach Bosnien kommen würde. Ich wusste, dass ihn seine Reise über Kazaginac, Prisoje, Stipanići, Kolo und Tomislavgrad letztendlich nach Kupres führen würde. Und ich wusste, dass er auf dieser Strecke sicher war.

Wie er mir später erzählte, verlief alles genau so. Er achtete bei seinem Mietwagen darauf, dass dieser auch in der Weltzone III, wo Bosnien in der Mobilfunkwelt eingruppiert wird, versichert war, er ließ sich von der wirren Verkehrsführung durch die Kaštela nicht irre machen und steuerte sicher Sinj an. Er hielt sich auf der Strecke zwischen Sinj und Trilj pingelig an die Geschwindigkeitsbeschränkung, um den kroatischen Polizisten nicht in die Radarfalle zu fahren, passierte, seinem deutschen Pass sei Dank, problemlos die Grenze nach Bosnien und kämpfte sich rechts vorbei am Buško Jezero auf der immer schlechter werdenden Straße langsam, aber sicher die Hügel hinauf nach Šuica, bis er heil und an einem Stück in Kupres ankam.

Später erzählte er mir, dass er die Fahrt sehr genossen habe und dass er beeindruckt war von der schönen Landschaft. Wenn Finnland das Land der tausend Seen ist, dann ist Bosnien das Land der tausend Berge. Und die müssen es Albert angetan haben, denn er erzählte viel und lange davon.

Ich fragte ihn nicht, wie er sich auf der Fahrt ohne Margharete gefühlt hatte, aber heute weiß ich, dass er sie wie verrückt vermisste. Man muss sich das mal vorstellen: Nach mehr als 30 Jahren, in denen sie gemeinsam jeden verdammten Berg hinuntergefahren waren und jede Hürde im Leben gemeinsam bewältigt hatten, fuhr Albert plötzlich alleine durch Bosnien.

Und daran sollte er ständig erinnert werden.

Schon beim Einchecken im Hotel Adriaski in Kupres musste er sich beim Rezeptionisten, einem wildfremden Mann, rechtfertigen, warum er seine Frau nicht mitgenommen habe. Er beschloss, zu lügen, und sagte, sie sei erkrankt. In seinem Zimmer erwartete ihn eine Flasche Wein, die für „Herrn und Frau Wachsmann" bereitgestellt war. Auf jeder Seite des Doppelbettes lag ein Betthupferl und im Badezimmer waren Handtücher für zwei Personen ausgelegt. Er erzählte mir, er habe später zu Abend gegessen und selbst bei Tisch sei bereits für zwei Personen gedeckt gewesen.

Am nächsten Tag war er Skifahren und positiv überrascht von der Qualität der Piste und dem Standard der gesamten Anlage. Da ich bis heute kein Skifahrer geworden bin, kann ich nur das wiedergeben, was er mir erzählte. Oder wie der berühmte Sänger und Komponist Đorđe Balašević zu singen pflegt: *„Ako su lagali mene, i ja lažem vas."* „Wenn die mich angelogen haben, lüge ich auch euch an."

Zur gleichen Zeit saß Margharete alleine in ihrem Haus in Stuttgart und versuchte, sich abzulenken. Sie hörte laut klassische Musik, versuchte ein Buch zu lesen und ging ganz spät ins Bett. Sie wartete auf Alberts Anruf.

Als er sie schließlich aus Kupres anrief, ging sie nicht an den Apparat. Man muss das nicht verstehen und das kann man wahrscheinlich auch nur dann, wenn man selbst mit jemandem über dreißig Jahre verheiratet ist. Obwohl Albert alleine nach Bosnien gefahren und sie damit nicht einverstanden und deshalb wahrscheinlich sehr angefressen war, saß sie wie auf glühenden Kohlen und wartete auf den Anruf, dass er heil angekommen und ihm auf der Strecke nichts passiert war.

Später erzählte sie mir, dass alleine die Tatsache, dass das Display eine unbekannte Nummer anzeigte, ihr ausgereicht habe, um zu wissen, dass Albert sicher angekommen war. Aber da sie immer noch sehr verärgert war, wollte sie nicht mit ihm reden.

Spätestens seitdem weiß ich, von wem Karin ihre manchmal seltsamen Gedankengänge geerbt hat.

Das sollte ganze zwei Tage so weitergehen. Albert fuhr tagsüber Ski, aß abends deftig *sarma* und süß *baklave*, trank dazu *graševina* und stand morgens mit einer *turska kava* auf. Margharete verbrachte die Tage damit, irgendwas aufzuräumen, aß abends ein belegtes Brot, verzichtete auf Süßes, trank einen Chardonnay und stand morgens mit einem Filterkaffee auf.

Und wenn sie nichts davon taten, dann dachten sie aneinander.

Sie zitterte, während er trotz seines hohen Alters und eines ebenfalls hohen Körpergewichts jeden Berg hinuntersauste wie ein Jungspund. Sie machte sich Sorgen, wenn er mit dem Mietwagen jede, aber auch wirklich jede Bergstraße nahm, nur um irgendwohin zu kommen, wo es nicht jeden hinverschlug. Und er fragte sich, ob sie die Kehrwoche alleine hinkriegte. Und ob sie den Kamin angemacht oder einfach nur die Heizung aufgedreht hatte.

Am dritten Tag hielt es Margharete nicht mehr aus. Sie packte ein paar Sachen, fuhr zum Flughafen, nahm den ersten Flieger nach Split und machte sich mit einem Linienbus auf den Weg nach Kupres. Sie fuhr die gleiche Strecke wie Albert und ließ sich ebenfalls von den beiden Seiten Bosniens erschrecken und verzaubern.

Erschrecken von der rauen, ungeschönten Seite, die auch fünfzehn Jahre nach Kriegsende immer noch Spuren der Verwüstung offenbarte, und verzaubern von der einmaligen Natur und der Großherzigkeit der Leute, die aus dem Gegebenen und Übriggebliebenen das Beste machten.

Vor kurzem erzählte sie mir, dass sich ihr Bild von Bosnien dadurch zwar nicht wie in schlechten Geschichten komplett wandelte. Sie sagte, dass sie vieles so erwartet habe, aber das Entscheidende war, dass sie dabei ihre Angst vor Bosnien verlor. Irgendwo auf der Fahrt zwischen Kamensko und Kupres hat sie sie abgelegt, und das ist auch gut so. Denn in Bosnien gibt es nichts, wovor man sich fürchten müsste, was es nicht anderswo auf der Welt auch gibt.

Bosnien kann sehr wortkarg sein, aber auch eine echte Plaudertasche. Davon zeugten sowohl der Busfahrer, der sich nicht sonderlich um Freundlichkeit bemühte, als er ihr ein Ticket verkaufte, als auch ihr Sitznachbar, der sich sehr bemühte, ihr jeden einzelnen Kilometer in schlechtem Deutsch zu erklären.

Bosnien kann dich durchkauen und ausspucken wie eine Fischgräte, aber dich auch für immer in sein Herz schließen. Davon überzeugte sie der kleine Junge, der mit seiner Mutter im Bus neben ihr saß und ihr lächelnd *smoki,* beliebte Erdnussflips aus Bosnien, anbot, sodass ihr nichts anderes übrigblieb, als zurückzulächeln, sich einen *smoki* aus der Tüte zu nehmen und ihn mit ihm zu essen.

Bosnien kann in den schönsten Farben erblühen und in graustem Grau untergehen. Da waren die glasklaren Bäche auf dem Weg zur Šuica-Hochebene, aber auch ein Schneesturm, der die letzten Kilometer nach Kupres zu einem echten Abenteuer machte.

All das erlebte Margharete in weniger als zwei Stunden. Ich weiß nicht, inwiefern die weiteren Ereignisse ihr Bild von Bosnien prägten, aber das, was sie auf der Fahrt nach Kupres erlebte, hatte ihr ausgereicht, um keine Angst mehr zu haben vor dem Land, in dem ich geboren wurde.

Doch wie so oft im Leben kommt es anders als gedacht. Wenn Margharete sich von ihrer Fahrt erhofft hatte, dass alles gut würde und sie in den nächsten Tagen nicht nur ihre Angst vor Bosnien komplett verlieren, sondern sogar Gefallen an diesem Land finden würde, dann war ihr spätestens bei ihrer Ankunft in Kupres klar, dass daraus nichts werden würde.

Am Busbahnhof nahm sie sich ein Taxi und ließ sich im Schneesturm zum Hotel Adriaski fahren. Der Fahrer murmelte etwas, und auch wenn sie nichts davon verstand, war ihr klar, dass er über das Unwetter sprach.

Nach ihrer Ankunft ging sie zu dem gleichen Rezeptionisten, der sich ein paar Tage zuvor bei Albert nach ihr erkundigt hatte, und stellte sich vor. Statt eines breiten Lächelns bekam sie ein besorgtes Gesicht zu sehen. Zwar begrüßte er sie und hieß sie willkommen, doch Margharete spürte, dass etwas nicht stimmte. Als sie sich nach ihrem Mann erkundigte, wurde ihr klar, warum der Rezeptionist besorgt war.

Er sei heute Morgen wie immer aufgestanden und habe lange gefrühstückt und die deutsche Presse gelesen, die das Hotel zur Verfügung stellte.

Er sei bester Laune gewesen und habe von seinen gestrigen Skierlebnissen berichtet.

Da Margharete keinen Bericht über die alltäglichen Tätigkeiten ihres Mannes hören, sondern seinen aktuellen Aufenthaltsort in Erfahrung bringen wollte, hakte sie freundlich nach, wo Albert sich gerade aufhalte.

Ich möchte ehrlich gesagt nicht in ihrer Haut gesteckt haben, als sie erfuhr, wo Albert war. Selbst mir, der ich es noch am gleichen Tag von Karin erfuhr, die von Margharete angerufen worden war, lief es eiskalt den Rücken hinunter. Albert war am Mittag mit dem Mietwagen in die Berge gefahren, um die Gegend zu erkunden, und war noch nicht wieder zurückgekommen.

Margharete flippte aus, so kultiviert und dezent nur sie das kann, und forderte den Rezeptionisten energisch auf, etwas zu unternehmen. Er versicherte ihr, dass er schon bei der Polizei angerufen habe und auch bei diversen Autowerkstätten und Skihütten in der Gegend. Aber sie alle wussten nichts und nirgendwo war Albert gesehen worden. Das konnte nur bedeuten, dass er immer noch in den Bergen war, und ein Blick aus dem Fenster reichte Margharete aus, um zu wissen, dass er in ernsten Schwierigkeiten steckte.

In ihrer Hilflosigkeit rief sie ihre Tochter an. Karin und ich waren gerade auf dem Weg ins Kino und saßen schon halb im Auto. Karin, pflichtbewusst, wie sie ist, ging noch einmal in die Wohnung zurück und nahm den Anruf an. Aus einem Impuls heraus war ich ihr gefolgt.

An ihrem Gesichtsausdruck merkte ich sofort, dass irgendwas nicht stimmte. Sie stotterte nur „Oh mein Gott!“ und „Wir kommen, so schnell es geht!“

Als sie schließlich aufgelegt hatte, erzählte sie mir kurz, was in Kupres passiert war.

Zur gleichen Zeit hysterisierte Margharete auf den Rezeptionisten ein, dass er die Polizei rufen solle, und er versuchte ihr zu erklären, dass er dies bereits getan hatte.

Doch es gibt manchmal Situationen im Leben, da kann nicht mal dein Freund und Helfer etwas ausrichten. Und ein Schneesturm in Bosnien ist so eine Situation. Kupres liegt knapp 1200 Meter über dem Meeresspiegel und ist umgeben von diversen Bergmassiven. Ein Schneesturm in Kupres, der von den starken Bergwinden angetrieben wird, ist nicht auf die leichte Schulter zu nehmen. Innerhalb kürzester Zeit sind soeben noch passierbare Straßen von über einem Meter Schnee bedeckt, und selbst Einheimische vermeiden es tunlichst, während eines Schneesturms ihre Häuser zu verlassen, geschweige denn ein Fahrzeug zu fahren. Doch genau das tat Albert.

Er irrte irgendwo in den Bergen um Kupres herum und war, wie schon viele vor ihm, von einem Schneesturm überrascht worden.

Margharete erzählte mir später, dass der Rezeptionist ständig fluchte und sie sich nicht sicher war, ob er Albert beschimpfte, weil er in die Berge gefahren war, oder die Polizei, die ihm riet, die Armee zu rufen, damit die sich mit schweren Fahrzeugen auf die Suche nach Albert machen konnte.

Was sie nicht wusste, aber der Rezeptionist sehr wohl: Die Armee war in Drvar stationiert, und Drvar war über hundert Kilometer entfernt. Außerdem konnte man wegen eines vermissten Touristen nicht die Armee in Bereitschaft versetzen, und selbst wenn, dann konnte auch die Armee kaum etwas ausrichten. Da er keine Lösung für dieses Problem hatte, fluchte der Rezeptionist weiter vor sich hin und versuchte gleichzeitig, Margharete zu beruhigen.

Als Karin mir berichtete, was sie von Margharete erfahren hatte, schnappte ich mir unsere Pässe und das Bargeld, das wir für Notfälle im Wohnzimmerschrank aufbewahrten. Ich würde mit Karin so schnell wie möglich nach Bosnien fliegen.

Jeder kennt den Spruch, dass man manchmal Glück im Unglück haben kann, und auf uns beide traf das zu. Am Flughafen bekamen wir gerade noch zwei Plätze in einer Maschine nach Split. Bereits eine Stunde nach Margharetes Anruf flogen wir über die Alpen in den Süden.

Karin wollte wissen, wie schlimm so ein Schneesturm sein könne und was man in solchen Situationen für gewöhnlich unternähme, aber leider konnte ich ihr keine zufriedenstellende Antwort geben. In Split nahmen wir uns einen Mietwagen und ich raste nach Bosnien. Ich fuhr nicht die übliche Strecke über Kaštela und Sinj, sondern die gefährlichere, aber kürzere Strecke quer durch die Zagora über Prgomet nach Trilj.

Für gewöhnlich protestierte Karin, wenn ich die Geschwindigkeitsbeschränkung auch nur um zehn Kilometer pro Stunde übertrat. Doch als der Tacho an jenem Tag bis zu fünfzig Kilometer pro Stunde mehr als erlaubt anzeigte, verlor sie kein Wort darüber. Sie wollte so schnell wie möglich bei Margharete sein. Ich holte alles aus dem Mietwagen heraus und war schnell an der Grenze nach Bosnien. Bereits da zeichnete sich ab, was uns in Kupres erwarten würde.

Am Buško Jezero schneite es heftig und alles um uns herum war mit einer mindestens zwanzig Zentimeter dicken Schneedecke überzogen. In Tomislavgrad wurde die Schneedecke immer höher und höher, und während uns einige Autos entgegenkamen, weg von Kupres, waren wir die Einzigen, die nach Kupres fuhren.

Spätestens ab Šuica, knapp 20 Kilometer vor Kupres, waren wir definitiv die Einzigen, die diesen Weg nahmen, denn die Schneedecke auf unserer Straßenseite war noch komplett unberührt.

Doch welche Wahl hatten wir? Margharete alleine lassen? Albert im Stich lassen? Niemals. Also fuhren wir weiter und kamen nach etwa drei Stunden im Hotel Adriaski an.

Es ist schon seltsam und schön zugleich, dass eine Extremsituation einen Menschen aus festgefahrenen Denk- und Handlungsmustern reißt. Als Margharete Karin und mich ins Hotel kommen sah, rannte sie auf uns zu und fiel uns um den Hals. Die beiden Frauen weinten hemmungslos und ich hielt sie beide fest. Dann sprach ich mit dem Rezeptionisten.

Er konnte mir im Grunde genommen nur das erzählen, was ich schon wusste. Albert sei gegen Mittag weggefahren, sie hätten vergeblich versucht, ihn übers Handy zu erreichen, man habe übers Radio schon mehrmals die Bevölkerung gebeten, sich zu melden, wenn sie Albert oder sein Auto irgendwo sahen, die Armee käme nicht und die Polizei habe nicht die richtigen Mittel, um nach Albert zu suchen, daher müsse man abwarten, bis sich der Sturm lege.

Aber eine Information war dann doch neu: Albert war durch den Tunnel Kupreška Vrata gefahren. Und wer durch diesen Tunnel fuhr, wollte vermutlich auf die Koprivnica hoch.

Während Koprivnica den wenigsten Menschen auf der Welt etwas sagt, weiß jeder, der in Jugoslawien aufgewachsen ist, dass Tito hier eine seiner zahlreichen Villen besessen hatte und in diesem Forstgebiet leidenschaftlich gerne auf die Jagd gegangen war. Während Tito schon lange Vergangenheit war und seine Villen heute verlassen und heruntergekommen sind: Die Schönheiten der Natur sind geblieben. Und ich wusste, dass Albert sich dafür sehr interessierte.

Manchmal im Leben gibt es Situationen, in denen ganz klar ist, was zu tun ist. Und an jenem Abend in Kupres war so eine Situation.

Es war einer dieser Augenblicke, in denen es keine Alternative gibt. Wenn dich das Leben an einen bestimmten Punkt geführt hat, an dem alles klar ist, dann brauchst du keine Absicherungen. Mir war in jener Nacht klar, dass es nur einen Menschen gab, der Albert finden und wieder heil ins Hotel bringen konnte: mein Vater. Dass ich seit Jahren nicht mehr mit ihm gesprochen habe, dass der Haussegen in meiner Familie nicht nur schief hing, sondern in Schutt und Asche lag, und dass es sicherlich freudigere Gründe für ein Wiedersehen hätte geben können, all das spielte jetzt keine Rolle. Ich wusste, dass die Zeit reif war.

Ich ging zu Margharete und Karin. Beide sahen mich erwartungsvoll an und später erzählte mir Karin, dass sie eine Entschlossenheit in meinem Blick sah, die sie einerseits erschreckte und ihr andererseits Hoffnung gab.

„Margharete, ich weiß, dass ich vielleicht der letzte Mensch bin, von dem du das jetzt hören möchtest, aber ich bitte dich um eines: Vertrau mir", begann ich. „Es gibt noch eine Möglichkeit, Albert zu finden."

Ich deutete Karin an, mitzukommen. Wohin, wollte sie von mir wissen. Ich sagte nur: „Vertrau mir."

Es ist nicht nachvollziehbar, warum ich Karin bat, ihre Mutter in dieser Situation alleine im Hotel zurückzulassen, und ich konnte es ihr in jener Sekunde auch nicht erklären. Aber ich spürte einfach, dass es so sein musste. Und dann war auch keine Zeit für lange Erklärungen.

Wenn ich heute daran zurückdenke und wenn ich mir vor Augen führe, in welcher Beziehung Margharete und ich damals zueinander standen, hätte es mich nicht gewundert, wenn sie völlig hysterisch geworden wäre, mich für verrückt erklärt oder mich weggejagt hätte. Ich frage mich zwar, wie eine so vornehme Frau wie Margharete auf jemanden einschlägt, der zwei Köpfe größer ist als sie, oder wie sie überhaupt auf etwas einschlägt oder einschreit, aber selbst wenn ich es mir vorstellen könnte: Es wäre in Ordnung gewesen. Mich hätte es auch nicht gewundert, wenn Karin sich geweigert hätte, mit mir zu kommen. Aber wie schon gesagt: Es gibt Situationen im Leben, in denen man einfach weiß, was richtig ist. Und sowohl Margharete als auch Karin spürten, dass ich das Richtige tat.

Keine Minute später saßen Karin und ich im Auto auf dem Weg nach Livno.

Die Fahrt, wenn man sie so bezeichnen kann, war furchtbar. Es schneite immer noch heftig, und als sie im Radio sagten, dass das Wetter sich noch weiter verschlechtern würde, kamen mir kurz Zweifel, ob das, was ich vorhatte, überhaupt durchführbar war.

Etwas mehr als eine Stunde später kamen wir schließlich in Livno an. Im Sommer, mit trockener Fahrbahn, braucht man für die Strecke keine halbe Stunde, aber wenn du die ganze Zeit darauf achten musst, dass dir der Wagen nicht wegrutscht, dann dauert es eben länger. Ich fuhr die mir wohlbekannten Straßen entlang, aber ich hatte kein Auge für die Umgebung. Mir war meine alte Schule egal, die Tannen, unter denen ich damals meine erste Freundin in der 7. Klasse geküsst hatte, die *Burekdžinica* des alten Gelo, in der ich hunderte und aberhunderte Male gegessen hatte, die *sedam kućica*, die sieben baugleichen Häuschen am Ortsende, die zu Livno gehörten wie der Eiffelturm zu Paris: All das war mir egal.

Ich musste so schnell wie möglich zu meinem Vater.

Ich stellte das Auto vor dem Haus meiner Eltern ab und wendete mich Karin zu. „Hier bist du zwar nicht willkommen, aber ich bitte dich trotzdem, mitzukommen."

Wir stiegen beide aus und rannten durch den Schnee ins Haus. Ich öffnete die Tür und betrat den Flur. Karin folgte mir. Genau in dieser Sekunde kam meine Mutter aus dem Wohnzimmer.

Sie war überrascht, mich zu sehen, aber sie schwieg.

„*Faljen Isus*", sagte ich hastig, weil mir nichts Besseres einfiel. Sie antwortete „*Uvik bio*" und fragte im nächsten Atemzug, wo ich denn plötzlich herkäme.

„Das erkläre ich dir später", erwiderte ich kurz und drehte mich zu Karin um, die hinter mir stand. Ich nahm ihre Hand und zog sie an meine Seite.

„Mutter, das ist Karin."

Schwer zu sagen, was meiner Mutter in jenem Moment durch den Kopf ging, aber ich erinnere mich noch genau an den Blick, mit dem sie Karin und mich ansah. Sie gab ihr nicht die Hand, nickte nicht einmal mit dem Kopf, sondern sah sie und mich nur ungläubig an und schwieg.

So ein Schweigen tut weh.

Ich weiß nicht, was ich erwartet hatte. Ich weiß nicht mal, ob ich enttäuscht war, dass sie Karin ignorierte, aber irgendetwas sagte mir, dass ich richtig handelte.

„Wo ist Vater?", fragte ich.

Stumm bewegte sie ihren Kopf in Richtung der *stara kuća*.

Mir war alles klar. Ich wusste, wo mein Vater war, und ich ahnte, was er dort tat. Obgleich ich mir Sorgen machte, wusste ich, dass es kein Zurück gab.

„Mutter, hör mir zu. Karins Vater ist irgendwo auf der Koprivnica liegengeblieben und ich muss mit Vater hin, um ihn zu finden. Darf ich dich um einen Gefallen bitten?"

Meine Mutter sagte nichts. Innerlich seufzend drückte ich Karins Hand.

„Ich lasse Karin hier bei dir."

Wenn mir jemand vor einem Jahr gesagt hätte, dass ich meine Frau, die der kroatischen Sprache nicht mächtig ist, mit meiner Mutter alleine lasse, die der deutschen Sprache nicht mächtig ist und sie für eine Schlampe hielt: Ich hätte ihn nicht für verrückt erklärt. Ich hätte ihn für verrückt erklärt und versucht, ihm aus dem Weg zu gehen. Aber man soll im Leben niemals nie sagen. Und ehe ich mich versah, geschah es!

Ich drehte mich zu Karin um und flüsterte ihr zu, dass sie keine Angst haben müsse.

Ich habe sie in ihren Augen gesehen. Aber ich kenne meine Frau: Sie hat zwar manchmal Angst, erlaubt es ihr aber nicht, das Kommando zu ergreifen. Ich glaube, nein, ich bin mir sicher, dass Karin auch in höchster Lebensgefahr nichts Dummes tun würde. Und weil ich das wusste, ließ ich sie zurück. Ich versprach ihr, Albert zu finden, und verließ das Haus.

Später hat mir Karin erzählt, was dann passierte.

Zunächst nichts. Karin stand schweigend mit meiner Mutter im Flur meines Elternhauses. Nach ein paar Sekunden drehte sich meine Mutter wortlos um und ging ins Wohnzimmer.

Karin blieb einfach stehen. Sie sagte mir, dass sie keine Angst verspürte und auch kein Bedürfnis, irgendwas zu sagen. Oder etwas zu tun. Sie blieb einfach stehen und wartete ab. Sie hörte noch, wie meine Mutter jemanden anrief. Als das Telefonat zu Ende war und meine Mutter wieder zurückkam, blieb Karin einfach im Flur stehen und wartete. Karin erzählte mir, dass sie sich nie davor und nie wieder danach gleichzeitig so verloren und doch so stark gefühlt habe wie in jenen Minuten in unserem Flur. Sie wusste, dass ich sie nicht hier zurückgelassen hatte. Obwohl wir nicht explizit darüber gesprochen hatten, spürte auch sie, dass heute Nacht etwas passieren würde, das schon längst überfällig war. Aber genauso wenig wie ich konnte sie zu jenem Zeitpunkt sagen, ob das Bevorstehende gut oder schlecht enden würde.

Ich rannte zur *stara kuća* und stürmte ins Wohnzimmer. Mein Vater sprang erschrocken auf. Nach Jahren der Funkstille standen wir uns wieder an dem Ort gegenüber, an dem wir uns zum letzten Mal gesehen hatten, und draußen stürmte es, als ob es kein Morgen gäbe.

Ich schaute den alten Mann vor mir an und sagte:

„Vater, ich brauche deine Hilfe! Jetzt sofort!"

Nachdem ich ein paar Jahre zuvor Livno sang- und klanglos verlassen hatte, weil mir mein Vater den Verkauf der *ravna* verweigert hatte, hatte ich mir geschworen, meine Familie nie wieder um Hilfe zu bitten. Doch was sind schon die trotzigen Vorsätze eines Einzelnen gegen die monumentale Gewalt des Lebens? Damit sich die Pläne eines Menschen mit dem Leben selbst messen können, müssen sie mindestens genauso groß sein wie dieses. Genauso schön. Genauso ehrlich. Neben „Ich liebe dich" und „Verzeih mir" ist „Hilf mir“ einer der drei Sätze, die es jederzeit mit dem Leben aufnehmen können, die aber den Menschen so verdammt schwer über die Lippen gehen.

Wenn ich jetzt darüber nachdenke, während ich am Ufer des Buško Jezero stehe, bin ich mir sicher, dass ich in jener Nacht alle drei zu meinem Vater gesagt habe.

Ich sagte „Hilf mir“ und in diesem Hilfeschrei steckten auch „Verzeih mir, dass ich so stur und uneinsichtig war“ und „Denke nicht, dass ich dich nicht liebe“.

In Kroatien gibt es ein Lied von Oliver Dragojević, das „*Oprosti mi pape*“ heißt. Es bedeutet so viel wie „Verzeih mir, Vater“, und darin singt Oliver, wie man Dragojević bis weit über die Grenzen Kroatiens nennt und kennt: „Verzeih mir, Vater, für all die groben Worte, denn mein Leben ähnelt heute dem deinigen.“

Und mein Vater spürte das.

Er kam auf mich zu, umarmte mich und drückte mich ganz fest an sich. Ich habe ihn seither immer wieder umarmt, aber nie wieder waren wir beide dabei so ergriffen wie in jener Nacht.

„*Reci sine*“, sagte er und wollte wissen, was er tun kann.

„*Reci sine.*“

Das war es, was ich hören wollte. Das war genau das, was ich gebraucht habe.

Und mein Vater spürte das.

Damit sagte er auf seine Art „Verzeih mir“, „Ich liebe dich“ und „Hilf mir“.

Gerne hätte ich mich zu ihm gesetzt und ganz lange geredet, so, wie wir das beim letzten Mal gemacht hatten. In mir hatte sich so vieles angestaut, das ich am liebsten losgeworden wäre. Nicht, um es bei meinem Vater abzuladen, sondern um es ein für alle Mal aus der Welt zu schaffen.

Ich hatte diesen Augenblick schon so oft und so lange herbeigesehnt, und als er endlich da war, gab es, wie so oft im Leben, etwas, das wichtiger war.

Kurz berichtete ich ihm von Albert, von Kupres, von den Kupreška Vrata und von der Koprivnica.

Mein Vater hörte mir mit unbewegter Miene zu. Als ich den letzten Satz beendet hatte, dreht er sich um und sagte: „Was stehst du hier rum, wir haben keine Zeit zu verlieren."

In dieser Sekunde hatte ich den endgültigen Beweis vor mir, dass der Charakter eines Menschen etwas Unverwüstliches ist.

Mein Vater hatte in seinem Leben sicherlich viel zu viel getrunken, zu viele Menschen, die ihm nahe standen, enttäuscht und vernachlässigt und sich zu oft aus Dingen herausgehalten, in die er sich besser eingemischt hätte. Aber er war nie ein schlechter Mensch. Es brauchte einfach die richtige Situation, diese eine magische Situation, in der er uns allen und wahrscheinlich am meisten sich selbst beweisen konnte, dass dem so ist.

Und die war in jener Nacht gekommen.

Wir verließen die *stara kuća,* stiegen ins Auto und fuhren zur Straßenwacht.

Währenddessen stand Karin immer noch allein im Flur. Sie hatte uns wegfahren hören und kurze Zeit später ein anderes Auto kommen.

Die Tür ging auf. Mein Bruder, Marija und die beiden Kinder kamen ins Haus.

Sichtlich überrascht blieb mein Bruder stehen, als er Karin im Flur sah, ging dann jedoch wortlos an ihr vorbei ins Wohnzimmer zu meiner Mutter. Marija blieb mit den beiden Kindern stehen und sah Karin an.

Marija erzählte mir später, dass sie sich schon lange gewünscht hatte, Karin kennenzulernen, aber als sie dann so unvorhergesehen vor ihr stand, wusste sie nicht, was sie sagen sollte. Also reichte sie Karin einfach nur die Hand und die beiden Frauen umarmten sich. Sie hatten noch kein Wort miteinander gewechselt, sie hatten einander nie zuvor gesehen, und doch lagen sie sich schon in den Armen. Ante kam aus dem Wohnzimmer, meine Mutter im Schlepptau.

„Ist das diese deutsche …?“

Noch ehe Ante seinen Satz beenden konnte, fiel ihm Marija ins Wort und sagte nur:

„Karin.“

Karin erzählt heute noch, dass sie spätestens in dieser Sekunde wusste, dass sie sicher war. Sie war sich ihrer eigenen Haut sicher und sie war sich auch sicher, dass jene Nacht gerade erst angefangen hatte und dass noch vieles passieren konnte, das enormen Einfluss auf das Leben aller Beteiligten haben würde. Es trieb sie auch die Sorge um ihren Vater um.

Marija fragte meine Mutter, wo ich sei, und sie antwortete ihr, dass ich losgegangen sei, um meinen Vater zu holen, um mit ihm gemeinsam nach Albert zu suchen. Marija sah Karin an, ließ sie los und ging zu Ante. Sie baute sich demonstrativ vor ihm auf und sagte etwas zu ihm, das er ganz offensichtlich nicht hören wollte. Plötzlich habe sich auch meine Mutter eingemischt und sie hätten alle durcheinandergeredet, und irgendwann habe Marija mit Tränen in den Augen etwas zu Ante gesagt, woraufhin Ante sie anfauchte. Das

Ende vom Lied war, dass Marija vor ihrem Mann, ihrer Schwiegermutter, ihrer zukünftigen Schwägerin und vor ihren beiden Kindern weinte.

Auch in ihr hat jene Nacht einiges ausgelöst.

Über die Jahre hinweg hatte sich vieles angestaut, das herausmusste, damit sie einfach wieder frei atmen, frei denken und frei handeln konnte. So wie ihr ging es auch mir. Daher wundert es mich auch nicht, dass sie in jener Nacht meinen Bruder vor die Wahl stellte: „Willst du nicht deinem Bruder und deinem Vater helfen, diesen Mann zu finden?", muss sie meinen Bruder gefragt haben.

Ante jedoch reagierte anders, als sich das Marija gewünscht hatte. „Ich bin doch nicht verrückt. Es hat ihn kein Mensch dazu gezwungen, bei diesem Unwetter in die Berge zu fahren", lautete seine unwirsche Antwort.

Ich wäre gerne dabei gewesen, um zu sehen und zu hören, was sie erwiderte.

„Jetzt hör du mir mal zu. Hört mir alle zu und besonders du: Ich habe eure Streitereien satt. Ein für alle Mal. Wenn du jetzt nicht sofort losgehst und deinem Bruder und deinem Vater hilfst, dann kannst du dir morgen früh eine neue Frau suchen."

Da hat mein Bruder wohl gemerkt, dass „der Teufel gekommen war und den Spaß geklaut" hatte, wie man in Bosnien sagt, wenn man zum Ausdruck bringen will, dass eine Sache ernst ist.

„Đava odnijo šalu."

Ante hatte zum ersten Mal in seinem Leben von seiner ansonsten so sanften, verständnisvollen und aufopferungsvollen Ehefrau Widerworte gehört. Ausgelöst durch den Bruder, mit dem er sich nicht gut verstand, im Angesicht der Schwägerin, die er nicht schätzte.

Es reichte nicht, dass Albert irgendwo in den Bergen um sein Leben kämpfte. Es reichte auch nicht, dass Margharete in Kupres wie auf Kohlen saß, krank vor Sorge um ihren Mann war und unfähig, etwas dagegen zu unternehmen. Es reichte auch nicht, dass Karin mit meiner Mutter, die sie als deutsche Schlampe bezeichnet hatte, konfrontiert wurde. Es reichte auch nicht, dass mein Bruder sich weigerte, uns zu folgen, und seine Frau ihm deswegen die Scheidung androhte.

Es musste schon alles zusammenkommen und alles auf einmal passieren.

Jeder von uns hätte schon mit einem dieser Probleme genug zu tun gehabt, aber wir mussten gleichzeitig mit all diesen Dingen fertig werden. Und so sehr ich es mir auch gewünscht hätte, meiner Frau zur Seite zu stehen, gab es zeitgleich etwas, das in dieser verzwickten Situation noch wichtiger war. Doch keiner dieser Konflikte hätte auf einen späteren Zeitpunkt vertagt werden können, so wie man etwa eine Besprechung oder einen Einkauf verschiebt.

In dieser Nacht standen wir vor der größten Herausforderung unseres Lebens.

Keiner von uns wusste, ob wir ihr auch gewachsen waren.

Ich kann nicht für die anderen sprechen und ich maße es mir auch nicht an zu sagen, dass ich dem Ganzen gewachsen war, aber wenn Logik und Verstand nicht mehr ausreichen, dann muss man sich auf sein Gefühl verlassen. Und mein Gefühl sagte mir, dass es einfach so sein musste. Es verriet mir jedoch nicht, wie alles ausgehen würde. Es sagte mir lediglich, dass es sein musste und dass es kein Zurück mehr gab.

Hinterher sind wir alle schlauer und wissen für gewöhnlich, was wir hätten besser oder zumindest anders machen können. Aber in jener Nacht war keine Zeit für großes Nachdenken. Die Zeit war reif zum Handeln.

Als ich auf den Parkplatz der Straßenwacht einbog, sah ich aus dem Augenwinkel, wie mein Vater die Einfahrt, die Werkstatt und den ganzen Parkplatz absuchte. Ich brauchte nicht zu fragen, wonach er suchte.

Ich wusste es.

Mein Vater stieg eilig aus. Ich folgte ihm wortlos. Als der Pförtner ihn sah, rannte er aus seinem Häuschen und umarmte meinen Vater wie einen alten Freund, den er lange nicht gesehen und die ganze Zeit vermisst hatte. Der alte Jozo freute sich wirklich, meinen Vater zu sehen.

„Sind die Jungs in der Werkstatt?“, fragte mein Vater. Jozo antwortete ihm. „Ja, sie sind da.“

Mein Vater ging ruhigen, aber entschlossenen Schrittes quer über den Platz zur Werkstatt, wo einige Männer waren. Ich folgte ihm und spürte noch Jozos Hand, die mir auf die Schulter klopfte. Ich nickte kurz und er bedankte sich mit einem Lächeln.

Ich kannte keinen der Männer in der Werkstatt, aber als sie meinen Vater sahen, kamen alle schnell zu ihm und begrüßten ihn teils herzlich, teils respektvoll. Diejenigen, die ihn herzlich begrüßten, kannten ihn wohl persönlich, die anderen kannten nur die Geschichten über ihn. Mein Vater begrüßte jeden Einzelnen.

„Fahrt ihr sie noch manchmal aus?“, fragte mein Vater.

„Jeden Tag“, antwortete der Älteste unter ihnen.

„Dann macht sie mal fertig. Ich brauche sie heute Nacht wieder.“

„Wo willst du hin?“, fragte ihn der Älteste.

„Kupres“, antwortete mein Vater kurz. Er präzisierte seine Antwort nicht, und trotzdem schien allen klar zu sein, wohin die Reise gehen sollte.

„Zu diesem deutschen Kauz?“, hakte der Älteste nach. „Genau zu dem. Und sprich nicht so über meinen *pretelj*“, antwortete ihm mein Vater in bester John-Wayne-Manier.

Ich weiß nicht, worüber ich mich mehr gefreut habe. Darüber, dass mein Vater Albert, ohne ihn auch nur einmal gesehen zu haben, als *pretelj*, den Vater seiner Schwiegertochter, bezeichnete, oder darüber, wie mein Vater sprach, wie er sich bewegte, wie die anderen zu ihm aufsahen.

Der alte Mann, mit dem mein Vater sprach, lächelte, drehte sich zu den anderen um und ordnete an, dass sie die Doruša einsatzbereit machen sollten.

„Šta čekate koji kurac? Brže spremite Dorušu.“

„Worauf wartet ihr, ihr verfluchten Bastarde? Macht die *Doruša* fertig.“

Als die Männer losgingen, um dem Wunsch meines Vaters nachzukommen, überfiel mich ein unbeschreiblicher Stolz. Kein staatstragender Stolz, sondern eher so ein leiser, versteckter, den man verspürt, wenn man eine schöne Sache sieht und weiß, dass man ein Teil davon ist.

Und ich war und bin Mates Sohn, des besten Fahrers, den die Straßenwacht in Livno jemals hatte, und zumindest unter denjenigen, die an jenem Abend in der Werkstatt waren, war keiner, der mir widersprochen hätte.

Ich sah, wie einer den Schlüssel holte, ein anderer sich am Schneepflug zu schaffen machte, dann rief ein Dritter, dass er sie gleich hole, während ein weiterer nickte und sich beeilte, die große Werkstatttür aufzuschließen.

Von draußen drangen Dunkelheit und Schnee in die Werkstatt, als einer der Männer zum Parkplatz hinter der Werkstatt lief. Mein

Vater sprach mit dem ältesten der Männer, als plötzlich von draußen ein Geräusch ertönte.

Ich hatte dieses Geräusch so oft in meinem Leben gehört und es dennoch beinahe vergessen. Aber den unnachahmlichen Zündvorgang einer TATRA vergisst du nie.

Doch nicht nur ich hatte gehört, wie die *Doruša* gestartet wurde.

Auch mein Vater hatte es gehört.

Als das Zündgeräusch ertönte, sah ich, wie er mit der linken Hand über das imaginäre Lenkrad strich und seine rechte Hand ausstreckte, so, als lege er sie auf dem Armaturenbrett ab. Er tat das immer, wenn die *Doruša* startete, und anscheinend wusste nicht nur ich das, sondern auch der alte Mann, mit dem er sich unterhielt.

Im Hintergrund hörte ich das Mahlen des alten Motors und ich wusste, dass er jetzt als Nächstes ein paar Mal aufs Gaspedal drücken würde. Und tatsächlich trat mein Vater mit dem rechten Fuß ein paar Mal auf der Stelle. Er wurde fast schon ungeduldig, bis derjenige, der die *Doruša* gestartet hatte, ein paar Mal aufs Gaspedal drückte. Da lächelte mein Vater.

Und nicht nur er, sondern auch der alte Mann, mit dem er sprach.

Und ich.

Als jedoch derjenige, der die *Doruša* gestartet hatte, zu lange auf dem Gaspedal blieb, veränderte sich der Gesichtsausdruck meines Vaters. Man muss wissen, dass mein Vater das Gaspedal nicht einfach nur drückte, weil man das so macht. Er drückte das Gaspedal nur so kurz und so fest, wie er dachte, dass es ausreicht, um sein Mädchen, wie er diesen alten Laster immer nannte, sanft zu wecken.

Aber woher sollte der junge Kerl, der sie gerade unsanft weckte, das wissen?

Dann hörten wir, wie die *Doruša* anfuhr, sahen sie um die Ecke in die Werkstatt kommen. Der junge Mann am Steuer hielt an und stieg aus.

Und da stand sie vor uns, bescheiden in blau lackiert wie eine dezent geschminkte Frau, und strahlte uns an.

Sie war nicht modern, aber zeitlos. Ihre beiden Blinker standen an der Motorhaube links und rechts ab und sahen ein wenig aus wie alte Schmuckstücke, die sie immer trug und die auch nur ihr standen.

Ich blickte sofort zu meinem Vater.

Er stürzte sich nicht auf sie, sondern sah sie nur aus dem Augenwinkel voller Stolz an, ganz so, als ob er sagen wollte: „Seht ihr die da? Die gehört mir. Und keiner von euch weiß besser als ich, wer sie ist und was sie mag."

Ich hatte es schon gewusst und manchmal sagte ich das, aber seit jenem Augenblick glaube ich fest daran, dass dieser riesige Haufen Blech in den Augen meines Vaters eine Seele hat.

Mein Vater beaufsichtigte, wie der Schneepflug und die Scheinwerfer an die *Doruša* montiert wurden. Er tat dies sicher, weil es sein Mädchen war, aber auch, weil er ahnte, was uns bevorstand.

Kurz darauf saß ich neben meinem Vater in der *Doruša* und wir verließen Livno in Richtung Kupres.

Die Heizung lief laut und übertönte das leise dudelnde Radio. Zwischen diese Geräusche mischte sich immer wieder das Pfeifen des Windes, der durch die alte Karosserie drang.

Das letzte Mal, als ich in der *Doruša* gesessen hatte, war schon einige Jahre her. Aber ich fühlte mich sofort sicher.

Ich glaube, ich hätte mich auch sicher gefühlt, wenn jemand anderes die *Doruša* gefahren hätte, aber da es mein Vater war, der sie lenkte, wusste ich, dass uns kein Schneesturm und kein Unwetter etwas anhaben konnten.

Er lenkte nicht, wie es die weiße Linie auf der Straße befahl, sondern wie es am sinnvollsten war und wie er die Schlaglöcher am besten umfahren konnte. Er schaltete nicht nach einer bestimmten Logik, sondern er schaltete, wenn er das Gefühl hatte, die *Doruša* entlasten zu können. Und immer mit Zwischengas, was sich manchmal wie ein Dialog anhörte und nicht wie ein normaler Schaltvorgang. Nach jeder größeren Kurve blickte er in den Rückspiegel, als wolle er nachschauen, ob sein geliebtes Mädchen gut um die Ecke gekommen und nirgendwo hängengeblieben war.

Mit diesem alten Laster, dessen Cockpit gerade so viele Anzeigen hatte, wie es brauchte, und der keinerlei Knautschzonen oder elektronische Sicherheitselemente besaß, würden wir es schaffen.

Mein Vater hielt das alte, abgenutzte Lenkrad fest in der Hand und trieb die *Doruša* sicher zwischen den Begrenzungsstangen, die links und rechts entlang der Straße aufgestellt waren und nur noch zur Hälfte herausragten, voran. Die Rampe vor der *Doruša* war nicht einfach nur ein montiertes Stück Stahl, es fühlte sich an wie eine überdimensional große Hand, die unermüdlich die Schneemassen beiseiteschob. Die Scheinwerfer kämpften wie Leuchttürme gegen die Schneeflocken und wiesen uns die Straße, und obgleich wir Kupres ansteuerten, wusste ich nicht, wohin uns die Reise führte. Aber ich hatte meinen Vater neben mir und das gab mir die Zuversicht, dass wir dort ankommen würden, wo man uns brauchte.

Zur gleichen Zeit saßen Marija und Karin im Wohnzimmer meines Elternhauses. Die Kinder waren auf der Couch eingeschlafen und meine Mutter hatte sich mit meinem Bruder ins Schlafzimmer zurückgezogen. Ich hatte mir schon so oft ausgemalt, wie es wohl sein würde, wenn Karin meine Familie, und dazu zähle ich auch Marija, träfe.

In den meisten Situationen, die ich mir ausgemalt hatte, herrschte gutes Wetter und alle waren anwesend. In meinen Visionen saßen wir dann an einer reich gedeckten Tafel, aßen und tranken und näherten uns einander vorsichtig an.

Doch nun war von gutem Wetter, von der Festtafel und dem Großteil der Familie weit und breit nichts zu sehen.

Lediglich das vorsichtige Annähern konnte Wirklichkeit werden, und damals wie heute bin ich froh, dass es Marija war, die damit anfing.

Ihr war aufgefallen, dass Karin die beiden Kinder in ihrem Engelsschlaf beobachtet hatte. Als Karin bemerkte, dass Marija sie beobachtete, erwiderte sie ihren Blick und sagte zu ihr auf Deutsch, dass sie schöne Kinder habe. Marija erkannte die gutgemeinten Worte, auch wenn sie diese nicht verstand, und nickte. Eine Konversation, die mit vorsichtigen Blicken und ohne gemeinsame Sprache beginnt, muss genauso weitergeführt werden, und das tat Marija auch. Sie suchte Karins Blickkontakt und führte ihre Hand zum Mund, um sie zu fragen, ob sie Hunger habe. Karin verstand die Geste und auch an ihrem zaghaften Kopfschütteln gab es nichts zu deuten. In vergleichbaren Situationen erkundigen sich manche Menschen bei ihrem Gegenüber, ob er oder sie nicht vielleicht eine dritte Sprache spricht, in der man sich verständigen könnte. Aber Karin und Marija machten einfach genauso weiter, wie sie angefangen hatten. Statt einer verkrampften Konversation auf Englisch waren Blicke, Gesichtsausdrücke und allgemein bekannte Worte die Basis, auf der sie ihr Gespräch aufbauten. So sagte Karin irgendwann zu Marija

„WC“ und sah sie dabei fragend an. Marija stand auf und zeigte Karin, wo die Toilette war.

Bereits auf dem Weg dorthin war Karin aufgefallen, dass die Schlafzimmertür nicht ganz geschlossen war. Durch einen kleinen Spalt erhaschte sie einen Blick auf meine Mutter, die auf dem Bett saß und betete. Ante stand vor dem Haus und rauchte.

Als Karin wieder aus dem Badezimmer kam, ging sie nicht zurück zum Wohnzimmer, wo Marija war, sondern zum Schlafzimmer meiner Eltern.

Sie spürte, dass sie so handeln musste. Es wäre absolut nachvollziehbar gewesen, wenn sie meine Mutter ignoriert hätte, denn meine Mutter hatte jahrelang daran gearbeitet, jede Annäherung zwischen sich und Karin im Keim zu ersticken. Auch Karin hatte all die Jahre nichts unternommen, um eine Beziehung zu meiner Mutter aufzubauen. Aber in jener Nacht waren weder Platz noch Zeit für Schuldzuweisungen.

So schob Karin vorsichtig die Schlafzimmertür auf und stellte sich in den Rahmen.

Meine Mutter hatte sie nicht gesehen und auch nicht gehört, aber wie es Gott oder das Schicksal oder etwas anderes Übermenschliches wollte, fing sie wohl genau in jener Sekunde an zu weinen. Sehr leise, unter der Last eines ganzen Lebens, das nicht nach ihrer Vorstellung verlaufen war. Doch immer lauter, sodass es sogar Marija, die im Wohnzimmer auf Karin wartete, hörte.

Marija stand auf und kam ins Schlafzimmer. Zeitgleich betrat auch Ante wieder das Haus. Als Marija an Karin vorbeigehen wollte, passierte es.

Karin hielt sie zurück. Auch Ante, der gerade zu ihnen gestoßen war, blieb stehen.

Ich weiß nicht, was passiert wäre, wenn Karin Marija nicht zurückgehalten hätte. Aber ich weiß, was passierte, weil sie sie zurückhielt.

Karin bat Marija mit einem Blick, zu meiner Mutter gehen zu dürfen und Marija erkannte, dass es richtig war. Sie ließ sie gewähren, und Karin trat vorsichtig zu meiner Mutter und setzte sich neben sie aufs Bett.

Meine Mutter schluchzte mit gesenktem Kopf weiter, aber sie ahnte, dass sie diese Frau neben ihr jahrelang verabscheut und zu Unrecht verurteilt hatte. Sie schämte sich, und nichts auf der Welt ist schwerwiegender als die Scham eines Menschen, der erkannt hat, dass er im Unrecht ist.

In so einer Situation geht es nicht um das, was war und was gesagt, gemacht oder unterlassen wurde. In so einer Situation geht es einzig und allein um die Erkenntnis. Und dafür brauchte es kein einziges Wort.

Karin tat das, was solch eine Situation erfordert. Sie nahm einfach die Hand meiner Mutter. Es war das erste Mal, dass sich meine Mutter und meine Frau ohne Vorurteile, ohne Maske, ohne Hintergedanken und ohne Absicht einander näherten. Und es war ein besonderer Augenblick für beide.

„Dobro. Sve dobro.“

Diese Worte, die Karin im Lauf der Jahre von mir aufgeschnappt hatte und die sinngemäß „Es ist alles gut“ bedeuteten, besiegelten diesen Augenblick, stoppten die Tränen meiner Mutter und bildeten das Fundament einer Beziehung, die sich bis heute zur Freude beider Frauen weiterentwickelt.

Etwas, das auf dem Satz „Es ist alles gut“ aufgebaut wird, kann nicht schlecht werden. Dass sich die beiden wichtigsten Frauen in meinem Leben heute mit Respekt und Achtung begegnen, geht zurück auf diesen magischen Augenblick.

Ergriffen von der Offenheit, mit der Karin ihr begegnete, nahm meine Mutter die Hand meiner Frau und drückte sie. Dabei sah sie den Verlobungsring, den ich Karin wenige Monate zuvor an den Finger gesteckt hatte, und weinte wieder. Doch diesmal waren es Freudentränen, die ihr altes Gesicht herunterrannen.

In meinen Augen waren weder Trauer- noch Freudentränen. Ich saß in der alten *Doruša* und überließ es meinem alten Vater, sie und unser Schicksal zu lenken.

Obwohl wir uns jahrelang nicht gesehen oder gesprochen hatten, redeten wir kaum. Es war nicht der Augenblick, um einander zu erzählen, was man all die Jahre erlebt oder vermisst hatte. Was einen beschäftigt oder erfreut hatte. Belanglosigkeiten wären jetzt fehl am Platz gewesen.

Manchmal höre ich Menschen sagen, dass man mit einem echten Vertrauten auch schweigen kann. Obwohl wir es uns nicht vorgenommen hatten, den Beweis dafür anzutreten, saßen wir einfach nebeneinander und ich ertappte mich dabei, wie ich ihn auf eine Schneeverwehung aufmerksam machen wollte, nur um es dann doch für mich zu behalten, denn wenn jemand sie schon lange vor mir gesehen hatte, dann mein Vater.

Wir fuhren hinauf nach Šuica, dann weiter nach Kupres und kamen schließlich zum Tunnel Kupreška Vrata.

Wenn die Straße nach Kupres mit Legenden gespickt war, dann war die Kupreška Vrata, dieser Tunnel am Ende von Kupres, der ins bosnische Hochland führte, die Mutter aller Legenden. Als Junge habe ich unzählige Geschichten gehört, von Eisrillen im Tunnel, in die Fahrer mit den Reifen ihrer Autos hineingerieten und sich erst daraus befreien konnten, als sie den Tunnel verließen, über reißende Bäche, die aus dem Tunnel flossen, wenn Schnee und Eis im Frühjahr schmolzen, bis hin zu Geisterfahrern, die im unbeleuchteten Tunnel ohne Licht fuhren. Selbst wenn nur die Hälfte der Geschichten stimmte, reichte das aus, um diese Röhre im Berg ehrfurchtsvoll zu durchqueren.

Im Tunnel, der mittlerweile saniert worden war und der ehrlich gesagt nicht besser oder schlechter war als andere Tunnels auf der Welt, sagte mein Vater dann zu mir, dass wir nun ganz nahe seien.

Ganz so, als ob er ahnte oder sogar wusste, wo Albert war.

Nach dem Tunnel bog er scharf nach links ab und fuhr einen Weg entlang, der zwischen hohen Tannen und Fichten den Berg hinaufführte.

Es war ein sehr schmaler Waldweg, denn sehen konnte ich ihn wegen des meterhohen Schnees nicht, und während die Zweige links und rechts die Außenspiegel streiften, schob die *Doruša* unermüdlich die Schneemaßen beiseite. Sie wurden jedoch nicht nur einfach beiseitegeschoben, es sah eher so aus, als ob sie beim Kontakt mit dem Schneepflug förmlich explodierten und die kleinen Bäume und Sträucher am Rande des unsichtbaren Waldwegs unter sich begruben. Die *Doruša* ackerte wie eine alte Stute, und ich hätte mich nicht gewundert, wenn sie bereits im nächsten Augenblick ihre Seele zum Auspuff hinaus gehaucht hätte.

Doch als ich anfing, an ihr zu zweifeln, redete mein Vater auf das tonnenschwere Fahrzeug ein, ganz so, als ob er mit einem Menschen spräche.

„Ajde lipa moja Doruša, nedaj se godinama i neveri!" „Auf geht´s, mein altes Mädchen, lass dich nicht unterkriegen!", beschwor er sie

immer und immer wieder, und jedes Mal sagte er es anders. Es hörte sich an, als sei die *Doruša* wirklich ein Mensch und würde sich dadurch angespornt fühlen, weiterzumachen.

Und das alte Mädchen rackerte und ackerte und nahm es mit allem und jedem auf, das oder der sich ihr in den Weg stellte. Doch nach einer unübersichtlichen Kurve war er plötzlich da.

Der größte Schneehaufen, den ich je in meinem Leben gesehen habe. Mein Vater trat in die Eisen. Die alte *Doruša* bohrte ihre Schnauze in den Schnee, bevor wir von der Wucht des Aufpralls in die Sitze geschleudert wurden.

Als wir wieder klar sehen konnten, zeigte sich uns ein riesiges, annähernd vier Meter hohes Ungeheuer, an dessen weißer Oberfläche das Licht der Reflektoren abprallte wie die neidischen Blicke an einer schönen Frau.

„A u pičku materinu."

Was ich gedacht hatte, sprach mein Vater aus. Es braucht keine Übersetzung dieses Satzes, denn eine wortwörtliche Übersetzung würde keinen Sinn ergeben. Es bedeutete so viel wie „Verdammte Scheiße. Und nun?"

Es war das erste Mal, seit ich in Deutschland in den Flieger gestiegen war, dass ich für einen kurzen Augenblick daran zweifelte, dass wir Albert finden würden.

Doruša hin oder her: Einen derart hohen Schneeberg konnte auch sie nicht beiseiteschieben. Wir konnten ihn vielleicht wegschaufeln, aber bei dem Unwetter würden wir zu zweit Tage brauchen. Gerade, als ich resignieren wollte, bemerkte mein Vater:

„Ich weiß, wie wir daran vorbeikommen."

Er legte den Rückwärtsgang ein und die Räder der alten *Doruša* drehten durch, wie wenn eine alte Stute am Boden scharrte. Mein

Vater folgte seiner eigenen Spur und setzte bis zur letzten Kurve zurück. Als die *Doruša* anhielt, war die weiße Schneewand gerade so weit weg, dass die Scheinwerfer sie noch erreichten.

Ich blickte meinen Vater fragend an.

Doch er sah weiter geradeaus:

„Links und rechts kommen wir nicht vorbei, weil die Bäume im Weg sind. Und auf der rechten Seite steht ein kleines Holzhäuschen."

„Wo steht da ein Häuschen?"

„Man sieht es nicht, weil es bei der Schneeverwehung komplett zugeschüttet wurde. Aber irgendwo da auf der rechten Seite ist es."

„Und jetzt?"

Mein Vater schmunzelte plötzlich schelmisch.

„Zurück können wir nicht mehr. Und er muss da oben sein - halt dich fest!"

Er drückte ein paarmal aufs Gaspedal, doch diesmal wollte er die *Doruša* nicht sanft wecken, sondern ihr den Ernst der Lage erklären. Der Motor jaulte bestätigend auf, mein Vater legte den ersten Gang ein und fuhr los. So schnell es ging.

Ich saß regungslos daneben und sah diese weiße Wand, zunächst noch schemenhaft in der Ferne, dann immer klarer und immer weißer. Sie raste auf uns zu, während die *Doruša* ihr entgegenpreschte.

„Halt dich fest!", rief mein Vater, viel energischer als beim ersten Mal. Und noch ehe ich mich irgendwo festhalten konnte, wurde vor uns alles weiß.

Es tat einen gewaltigen Schlag und ich wurde gegen das Armaturenbrett geschleudert.

So etwas hatte ich noch nie erlebt. Und wenn ich ehrlich bin, muss ich das auch nie wieder.

Wir waren tatsächlich durch diese Schneewand durchgebrochen.

Als ich unsanft auf den Sitz zurückgeworfen wurde, sah ich die Lichter der Scheinwerfer, die in die dunkle Nacht strahlten. Ich blickte nach rechts und sah tatsächlich die Überreste eines Holzhäuschens. Des Häuschens, das mein Vater erwähnt hatte und das wir bei unserer Aktion schlicht und einfach über den Haufen gefahren hatten.

Ich sah zu meinem Vater hinüber, der das Lenkrad umklammerte. Er wandte sich mir zu.

Wir sahen uns ein paar Augenblicke lang an. Dann plötzlich, aus dem Nichts heraus, fing mein Vater an zu lachen. Zunächst ganz leise, dann immer lauter und lauter. Ich konnte nicht anders und lachte mit.

Das muss man sich einmal vorstellen: Da habe ich jahrelang kein Wort mit meinem Vater gesprochen, und nun saßen wir in seinem alten Laster, mit dem wir gerade eine Schneewand durchbrochen hatten, und lachten uns schlapp.

„Das wollte ich schon als Kind mal machen", gluckste er. Ich wollte etwas erwidern, aber vor lauter Lachen konnte ich es nicht.

Dann wurde mein Vater ernst.

„Warte kurz", sagte er und öffnete das Fenster auf seiner Seite. Dann lehnte er sich aus dem Fenster und zog den Scheinwerfer, der sich beim Durchbruch verdreht hatte, zurück, bis er wieder nach vorn strahlte. Schließlich schwang er sich in die Kabine zurück und lenkte die *Doruša* zwischen zwei Bäume, wo er den Weg vermutete.

Wenn ich heute an jene Nacht zurückdenke, dann frage ich mich, was mir damals das Gefühl gab, dass wir Albert finden würden. Eigentlich hätte ich voller Zweifel sein müssen. Da fuhr ein Mann ein Fahrzeug, das vor dem Krieg schon alt war und anstatt, dass ich zu Gott betete, dass er für ein Wunder sorgte, das nichts mit Antriebswellen und Motorleistung zu tun hat, betete ich zu ihm, dass die *Doruša* genau das machte, was mein Vater von ihr verlangte. Die einzige Antwort, die ich als Erklärung parat habe, ist: Es war ein Wunder.

Tief in den bosnischen Bergen blitzte plötzlich etwas im Lichtstrahl, der vom Scheinwerfer der *Doruša* in die Ferne zeigte. Ich hatte es überhaupt nicht gesehen, aber mein Vater und sein geübtes Auge nahmen dieses leichte Blitzen in der Nacht wahr, weit entfernt.

„Da vorne", sagte er, „da ist etwas."

Wer schon mal eine Boje im offenen Meer gesucht hat oder eine kleine Blume auf einer großen grünen Wiese, der weiß, wie ich mich damals fühlte.

Ein kleiner Hauch, mehr nicht, war es, den ich sah, und nur durch das Ruckeln der alten *Doruša* und das daraus resultierende kurze Aufblitzen im Scheinwerferlicht konnte ich überhaupt erahnen, was mein Vater schon längst erkannt hatte.

Es war der sprichwörtliche Strohhalm im Schneemeer, an den sich all meine Hoffnung plötzlich klammerte.

Ich konnte nicht genau sagen, was dort im Licht immer wieder kurz aufblitzte, aber in so einer Situation klammert man sich an alles.

Mein Vater lenkte, so gut es ging, auf dieses Blitzen zu. Meter für Meter kämpften wir uns voran.

Menschen sagen manchmal, dass sie die Nadel im Heuhaufen suchen. Und wir hatten die kleinste Nadel der Welt im größten Heuhaufen, den man sich überhaupt nur vorstellen kann, gefunden.

Aber erst als die *Doruša* wenige Meter vor Alberts Wagen stand, waren wir uns beide sicher.

Mein Vater bremste. Von Alberts Wagen schaute tatsächlich nur noch ein kleines Stück aus dem Schnee heraus, gerade so viel, dass es im Scheinwerferlicht reflektierte.

„*Evo ga*", sagte er. Wir waren am Ziel angekommen. Das war wieder eine dieser Situationen, in der man etwas hätte machen sollen, aber es dennoch nicht tat. Ich hätte meinem Vater danken sollen, ich hätte dem lieben Gott danken sollen, ich hätte der Fügung des Schicksals danken sollen, aber ich dankte niemandem. Ich war einfach nur froh und erleichtert, dass das Unmögliche geglückt war.

Mein Vater fuhr vorsichtig an Alberts Wagen vorbei und räumte dabei, so gut es ging, den Schnee beiseite. Als die *Doruša* nichts mehr ausrichten konnte, sprang mein Vater aus der Kabine und sank bis über die Hüften in den Schnee ein.

„*Daj lopate*", rief er mir gegen den eisigen, peitschenden Wind zu und ich versuchte, so gut ich konnte, seiner Aufforderung nachzukommen und die Schaufeln zu holen, die seitlich an der *Doruša* festgebunden waren. Mit den beiden Schaufeln in der Hand schob ich mich durch den hüfthohen Schnee zum freigelegten Streifen zwischen der *Doruša* und Alberts Wagen. Wie Wahnsinnige rammten wir unsere Schaufeln in den Schnee um das Fahrzeug, der das Auto zugeschneit hatte. Unkoordiniert, mit dem Mut der Verzweiflung, schleuderten wir den Schnee links und rechts weg. Mit jeder Schaufelladung, die wir wegbeförderten, zitterte ich mehr. Doch nicht wegen der Kälte, sondern weil ich nicht wusste, in welchem Zustand wir Albert in dem Wagen vorfinden würden.

Als wir die eine Seite des Fahrzeuges freigeschaufelt hatten, griff mein Vater an die Fahrertür. Er atmete noch einmal tief durch und riss sie auf.

Als ich den bewusstlosen Albert sah, knickten meine Knie weg.

Statt Freude darüber zu empfinden, dass wir ihn gefunden hatten, überfiel mich eine Art Schockstarre. Karins Vater hing mit geschlossenen Augen über dem Lenkrad. Unkontrollierte Gedanken durchfluteten meinen Kopf. Lebte er noch? Waren wir zu spät? Was sollten wir tun? Zum Glück hatte ich meinen Vater dabei, der viel mehr Erfahrung mit solchen heiklen Situationen hatte als ich. Als er sah, dass ich wie gelähmt dastand, packte er mich an der Schulter und schüttelte mich durch.

„Ajde sine, pomozi mi!“ „Sohn, hilf mir jetzt!“, sagte er zu mir. Dieser Satz holte mich aus meiner Starre und gab mir kurzzeitig die Kontrolle über meinen Körper wieder.

„Ajde.“

Wir zogen Albert vorsichtig aus dem Wagen, doch er fiel leblos vor uns in den Schnee.

Wieder einmal packte mich die nackte Angst. Albert lag mit dem Gesicht nach unten im Schnee und ich konnte nichts machen!

Mein Vater sah, dass ich keine große Hilfe war, und versuchte alleine, Albert anzuheben und umzudrehen, aber Albert wog sicherlich doppelt so viel wie er.

„Ajde sine, daj pomozi“, schrie mein Vater und versuchte zu mir durchdringen, denn ich war nicht mehr Herr meiner Sinne.

Ich beugte mich zu Albert hinunter und versuchte, meinem Vater dabei zu helfen, ihn aufzurichten.

„Daj ga u Dorušu“, sagte mein Vater und wir versuchten mit vereinten Kräften, Albert zur *Doruša* zu ziehen. Wir zerrten den schweren Körper durch den Schnee und der Sturm erschwerte jeden unserer Schritte. Schließlich schafften wir es.

Ich ertappe mich dabei, wie es mir kalt den Rücken hinunterläuft und mir leicht schwindelig wird. Ich drehe mich zu unserem MINI um, öffne die Beifahrertür, greife nach der Flasche, die neben den Fotos von meinem Sohn auf dem Beifahrersitz liegt, und trinke einen kleinen Schluck. Ich habe keinen Durst, ich will einfach nur einen Schluck Wasser trinken. Ein paar weitere Sekunden später schraube ich die Flasche wieder zu, lege sie neben die Fotos auf den Beifahrersitz und schließe die Tür. Ich drehe mich wieder um und blicke auf den Buško Jezero hinaus. Ich bin kurz vor dem Ende meiner Fahrt durch die Nacht.

Am Ende waren wir damals auch.

Wir hatten Wind und Wetter getrotzt, alle gutgemeinten Warnungen ignoriert und eine Reise ins Ungewisse angetreten. Aber wir schafften es nicht, Albert in die *Doruša* zu hieven.

Ich konnte den schweren Mann nicht mehr festhalten. Er glitt mir aus den Händen und rutschte zu Boden.

Nun waren wir so weit gekommen und sollten jetzt daran scheitern, dass wir Alberts Körper nicht von diesem verdammten Berg herunterkriegen würden? Während Margharete im Hotel auf Nachrichten von uns wartete, fing ich an, hektisch auf meinen Vater einzureden, dass wir es nochmal versuchen müssten. Doch die zwei kleinen Trittstufen zur Kabine hinaus erschienen mir wie der Mount Everest.

Gewaltig, groß, unbezwingbar.

Und dann geschah ein weiteres Wunder.

Durch die Schneise, die mein Vater mit der *Doruša* geschlagen hatte, sahen wir flackernde Lichter, die langsam näherkamen, dann hörten wir einen Motor aufjaulen. Jemand fuhr den Berg hinauf.

Noch bevor wir ihn sahen, wussten wir, dass es nur einen geben konnte, der so verrückt war, der Spur der *Doruša* zu folgen.

Junge, Junge, war ich froh, als dieser Mistkerl aus dem Auto stieg! Nie davor und nie danach habe ich mich so gefreut, ihn zu sehen, wie in jener Nacht. Als er auf uns zustiefelte, dachte ich mir „Was für ein *arambaša*“. Das ist das bosnische Wort für Anführer. Und dann baute er sich vor uns auf.

Mein Bruder.

Jahrelang hatte ich mir gewünscht, dass wir drei wieder zusammenkommen, ohne Groll, ohne Hass und ohne Gefahr, uns zu streiten. Wenn mir jemand erzählt hätte, dass dies mitten in einem Schneesturm irgendwo in den bosnischen Bergen passieren würde, hätte ich ihn für verrückt erklärt.

Aber niemand erzählt so schöne Geschichten wie das Leben. Und für uns hatte sich das Leben in jener Nacht eine besonders schöne Geschichte ausgedacht.

Ante baute sich vor uns auf und wir schauten wohl ziemlich belämmert drein.

„Šta ste zinuli ko ovnovi?“, fragte er uns. Da war er wieder, dieser bosnische Humor, auf den man nicht einmal dann verzichtet, wenn es um Leben und Tod geht. *„Šta ste zinuli ko ovnovi?“* bedeutet wörtlich „Warum habt ihr eure Mäuler aufgerissen wie Böcke?“ und sinngemäß so viel wie „Was glotzt ihr so blöd?“ und damit wollte Ante uns nicht beleidigen. Aber etwas Normales wie „Da bin ich, braucht ihr Hilfe?“ oder „Gott sei Dank hab ich euch gefunden.“ passte nicht zu Ante. Ein *arambaša* eben, durch und durch.

Es gab so viel Unausgesprochenes, aber Ante übersprang einfach all das und riss einen Witz.

Einen seiner besten.

„Ajde da ga dignemo u Dorušu", sagte er und da wusste ich, dass wir Albert sicher in die *Doruša* und von diesem Berg bekommen würden.

Mit vereinten Kräften hievten wir Albert in die Kabine. Ich schloss die Tür und zeitgleich sagten mein Bruder und ich, dass wir ins Krankenhaus müssen, doch schon im nächsten Atemzug erwiderte mein Vater, dass Albert es nicht bis zum Krankenhaus nach Livno schafft.

„Ante, du weißt doch noch, wer unweit von hier lebt", sagte mein Vater zum meinem Bruder und Ante lächelte nur.

„Fahr du voraus, wir fahren dir nach."

Mein Vater nickte und mein Bruder klopfte mir auf die Schulter und forderte mich auf, ihm zu seinem Auto zu folgen.

„Ajde, šta si stao ko drvena Marija?", fragte mein Bruder und ließ mich in unnachahmlicher bosnischer Manier wissen, dass ich mir den Stock aus meinem Hintern nehmen und ihm folgen solle.

Als wir im Auto saßen, fragte ich ihn, wohin wir fuhren.

„Ein paar Kilometer von hier lebt ein Arzt. Mach dir keine Sorgen, der Alte kriegt ihn sicher wieder hin", versprach Ante und fuhr los, hinter der *Doruša* her.

„Wie hast du uns gefunden?", wollte ich von ihm wissen. „Ach weißt du, zwei liebenswerte Irre haben die Straße freigeräumt. Ich musste nur ihrer Spur folgen", antwortete er und zwinkerte mir zu. Ich zwinkerte zurück.

Wir hatten es geschafft, und das erfüllte mich so sehr, dass ich nichts mehr sagen wollte.

Wir folgten der Spur der *Doruša.* Ich holte meine Zigaretten aus der Jackentasche und zündete mir eine an. Ich dachte mir nichts dabei, ich tat es einfach instinktiv. Ante blickte mich an, dann die Zigarette und dann wieder mich.

„Kriege ich auch eine?", fragte er mich.

Mir fehlten so viele Informationen über meinen Bruder aus den letzten Jahren, dass ich kaum hätte sagen können, bei wem er arbeitete oder was er überhaupt die letzten Jahre gemacht hatte, aber von meiner Mutter wusste ich immerhin, dass Ante schon vor Jahren aufgehört hatte, zu rauchen, und sich zu einem militanten Nichtraucher entwickelt hatte. Ich sah ihn verwundert an und sagte: „Hast du nicht …?".

Noch ehe ich meine Frage beenden konnte, fiel mir Ante ins Wort: „Scheiß drauf. Weißt du Brüderchen, Menschen sagen im Leben so vieles, das sie nicht so meinen."

Ich bin mittlerweile fast vierzig Jahre alt, aber das war der ehrlichste Satz, den mein Bruder je zu mir gesagt hatte.

„Pa dander i meni jednu. Na koga si tako škrt? Nije ti ćaća taki." „Jetzt gib mir endlich auch eine Kippe. Nach wem bist du bloß so geizig geraten? Sicher nicht nach Vater", sagte Ante mit einem witzigen *arambaša*-Unterton. Ich nickte und lächelte zugleich und gab ihm meine angezündete Zigarette.

Ante nahm die Zigarette und zog kräftig daran. Dann wandte er sich zu mir und sagte: *„A jesi je oblizo, jebla te ona, ko krava tele."* „Die hast du aber böse abgeschleckt, wie eine Kuh ihr Kalb."

Und wieder einmal lachte er los, so wie nur er das konnte, und sein ganzer Körper bebte. Dann richtete er wieder seinen Blick nach vorn und folgte der *Doruša.*

Nach ein paar Kilometern kamen wir an ein Haus, aus dem ein älterer Mann trat. Wir stiegen alle aus, und der Mann begrüßte meinen Vater und meinen Bruder.

„Habt ihr den Mann gefunden, den sie im Radio suchen?“, wollte er wissen und sagte schon im nächsten Satz: „Bringt ihn rein!“

Wir hoben Albert vorsichtig aus der Kabine und trugen ihn ins Haus. Der Mann holte ein Stethoskop und hörte Albert ab. Niemand sprach, alle warteten darauf, dass der Arzt etwas sagte. Dann drehte er sich zu mir um und sagte in feinster bosnischer Manier: „Er ist zwar durchgefroren wie ein Arsch, aber er wird´s packen.“ „*Smrzo se ko pizda, ali preživit će on to.*“

Geschafft!

Wir hatten es geschafft!

Alles würde gut werden!

Wir informierten Karin, Margharete, Marija und meine Mutter, dass wir Albert gefunden hatten, und teilten ihnen mit, dass wir am nächsten Morgen nach Livno kommen würden. Den Rest der Nacht verbrachten wir damit, darauf zu warten, dass Albert aufwachte.

In der Zwischenzeit taten wir etwas, was wir seit vielen Jahren nicht gemacht hatten.

Wir redeten miteinander, wir lachten miteinander und wir weinten miteinander.

So wie das ein Vater und seine Söhne tun sollten.

Wir erzählten einander so vieles voneinander und übereinander, dass ich mich gar nicht mehr an alles erinnern kann. Ich kann mich aber noch sehr gut daran erinnern, dass wir es taten. Und es tat uns allen dreien verdammt gut.

Der Arzt und seine Frau versorgten uns mit Schnaps und boten uns eine *meza*, luftgetrockneten Schinken, und den weltberühmten Käse aus Livno an, und wir aßen, tranken, redeten und warteten auf Albert.

Irgendwann in der Nacht wachte er auf. Wir gesellten uns zu ihm.

Er erkannte mich und versuchte, irgendetwas zu sagen, aber ich ermahnte ihn, seine Kräfte zu schonen. Doch Albert ließ sich nicht abhalten und bat mich, sich in seinem Namen bei allen zu bedanken, die ihn gerettet haben.

„*Ajde jebo ga ti, ljudi smo, nismo Švabe*", sagte mein Bruder und lachte los wie ein brodelnder Vulkan. Das war wieder dieser bosnische Humor, denn frei übersetzt sagte mein Bruder, dass wir doch Menschen sind und keine Deutschen. Er wollte dabei nicht die Deutschen verletzen. Das ist einfach bosnischer Humor.

Als alle anderen im Raum lachten, übersetzte ich für Albert, was mein Bruder gesagt hatte, und auch er lächelte.

„*Stiraj ti meni nova Golfa iz Dojčlanda i mi smo kvit*", fügte mein Bruder hinzu und lachte wieder. Auch der Arzt und seine Frau lachten, selbst mein Vater lächelte und schüttelte den Kopf.

„Was hat er gesagt?", wollte Albert wissen.

„Du schuldest ihm einen neuen Golf. Dafür, dass er dich gerettet hat."

Albert sah zuerst Ante an, der mit einem gespielt auffordernden Blick auf die Bestätigung warte, sah dann meinen Vater an und plötzlich schüttelten die beiden alten Herren den Kopf und lächelten.

„*Ajde moj … kako no se zove pretelj?*", fragte mein Bruder, was so viel bedeutete wie „Wie heißt dein Schwiegervater?"

„Albert", antwortete ich.

„*Ajde moj Alberte, čas posla bilo. U nas dica vake pizdarije izvode svaki dan.*"

„Passt schon, Albert. Solche Rettungsaktionen machen bei uns selbst Kinder jeden Tag."

Und wieder lachte mein Bruder, als ob nichts passiert wäre. Dann drehte er sich um, nahm ein kleines Schnapsglas und füllte es mit *rakija*, der bosnischen Allheilmedizin gegen sämtliche Beschwerden. Dann drehte er sich zu Albert um und gab es ihm.

„Ajde, trzni jednu."

Er sagte noch, dass dies eine medizinische *rakija* sei, und dass sie sogar Tote *wieder* zum Leben erwecke, also würde sie auch ihn wieder auf die Beine kriegen.

Albert nahm das Glas, trank einen Schluck, schüttelte sich und wir alle lachten. Als er sich erholt hatte, lächelte auch Albert.

So endete jene denkwürdige Nacht, die ich seitdem Jahr für Jahr wie einen Festtag feiere. Geburtstage waren mir nie wichtig, aber jene Nacht begehe ich seitdem wie Geburtstag, Weihnachten, Silvester und Ostern zusammen. Und zu verdanken habe ich dies einer grauenvollen bosnischen Winternacht und der guten, alten *Doruša*.

In den letzten Jahren haben wir vieles nachgeholt. Als Brüder, als Kinder, als Onkel und als Freunde. Ich war als Patenonkel bei der Kommunion von Antes Sohn, wir haben gemeinsam an Antes Haus gearbeitet und das obere Stockwerk so gut wir konnten ausgebaut. Ich habe die *ravna* verkauft und das Geld angelegt. Meine Mutter und Karin haben zueinander gefunden und ich musste viele Geschichten aus den Jugendjahren meiner Frau übersetzen und über jede von ihnen hat meine Mutter herzlich gelacht.

Die *Doruša* steht immer noch auf dem Parkplatz der Straßenwacht, und im letzten Sommer haben wir zu dritt mit ihr ein paar Runden gedreht. Sie fährt immer noch, aber wie mein Vater meint, sie macht es nicht mehr lange. Im Spaß sagte er, dass sie nur so lange halten solle, wie er lebt. Danach wäre es ihm egal, was mit ihr passiert. Und jedes Mal, wenn er das sagt, lacht er.

Ich bin die ganze Nacht durchgefahren und stehe jetzt hier am Ufer des Buško Jezero, wenige Kilometer vor meinem Ziel. In wenigen Minuten werde ich meine Eltern sehen und meinen Bruder, Marija und die Kinder. Auf dem Beifahrersitz liegt ein Umschlag mit Fotos meines neugeborenen Jungen. Vor ihm liegt noch sein ganzes Leben und so Gott will, wird er noch oft nach Bosnien kommen.

Ich bin, wer ich bin, und versuche nicht, jemand anderes zu sein.

Ich tue, was ich kann, und versuche jeden Tag aufs Neue, besser zu werden.

Ich blicke auf den See und fühle, dass das Leben noch viele gute Tage für mich bereithält.

Ich freue mich darauf.